郑州市地方史研究丛书

郑州金石志·清代编

郑州市地方史志编纂委员会 主办

郑州市地方史志办公室 编著

中国水利水电出版社
www.waterpub.com.cn
·北京·

郑州市地方史研究丛书编纂委员会

序

在中华文明发展的历史进程中，黄河流域以国家中心城市郑州为核心区域的中原文化源远流长，博大精深。全面、科学地收集整理历史文献是做好地方史研究的重要前提，也是深入探寻郑州国家中心城市文化根脉的一项基础性工作。

近年来，我们组织专家学者开展了“地方史研究丛书”的编纂工作，在认真整理古籍旧志的基础上，于2019年完成了《郑州历史地图集》《嘉靖郑州志校释》首批两部专著。2021年，根据《郑州市地方志工作规划（2021—2025）》部署要求，围绕编纂《郑州简史》，在郑州市委宣传部、郑州市文物局、郑州大学、中国水利水电出版社等单位及专家学者的支持帮助下，完成了《郑州古代诗选》《郑州金石志》（汉代编、北朝编、隋唐五代编、宋代编、金元代编、明代编、清代编）等8部专著的编纂出版。

诗言情，歌咏志，郑州是一座充满古典浪漫主义、现实主义色彩的诗歌之城。我们侧重地方史研究的角度，从历代典籍、诗集中对郑州地区的诗歌作品作了较系统的收集整理，编选夏、周、三国、西晋时期古诗30首；唐代91位诗人、214首；五代3位诗人、5首；宋代16位诗人、124首；金代25位诗人、75首；元代39位诗人、92首；明代5位诗人、33首；清代12位诗人、104首。这些作者基本涵盖了中国诗歌及文学史上最具代表性的重要人物，如《诗经》“郑风”“郐风”，唐代三大诗人李白、杜甫、白居易，唐宋八大家等。这些诗篇是郑州的历史记忆，为城市文化景观及其审美作了诗意、精彩的提炼与概括。

金石不朽，在中国的地方史志文献中，石刻资料以其原始性、真实性、地域性历来为研究者所重视，如北宋赵明诚所言，“史牒出于后人之手，不能无失，而刻词当时所立，可信不疑”。关于郑州古代石刻的著录及研究，自北宋欧阳修《集古录》、赵明诚《金石录》开始，成为历代金石著述、地方史志修纂的重要内容。此次编纂《郑州金石志》，是在郑州市文物局、郑州市博物馆及其商城遗址分馆、古荥汉代冶铁遗址分馆、郑州市文物考古研究院、管城区文物局、新郑市博物馆、新密市博物馆、荥阳市博物馆、郑州仁清金石传拓艺术博物馆、黄河博物馆等单位及诸多专家学者的大力支持下进行的，收集汉代以来石刻拓本近千种。许多为近年来最新出土，精心拓印，此次结集出版，弥足珍贵，为考证、辨识城市发展的历史脉络提供了丰富佐证。

地方史志研究，须以历史文献为根基，才能真正以史为鉴，发掘历史智慧，讲好郑州这座城市在辉煌灿烂的中华文明历史长河中所发生的生动故事。这也是郑州作为国家中心城市提升软实力，这也是弘扬中国气派、中国元素、中国精神的重要工作。

限于时间、篇幅，《郑州古代诗选》《郑州金石志》仅是初编，还有许多工作需要继续深入，我们将广泛征求意见，以期进一步修订完善，提高编纂水平。

编者

2021 年 12 月

目录

國家之福　河神之信

御制祝文

顺治八年四月

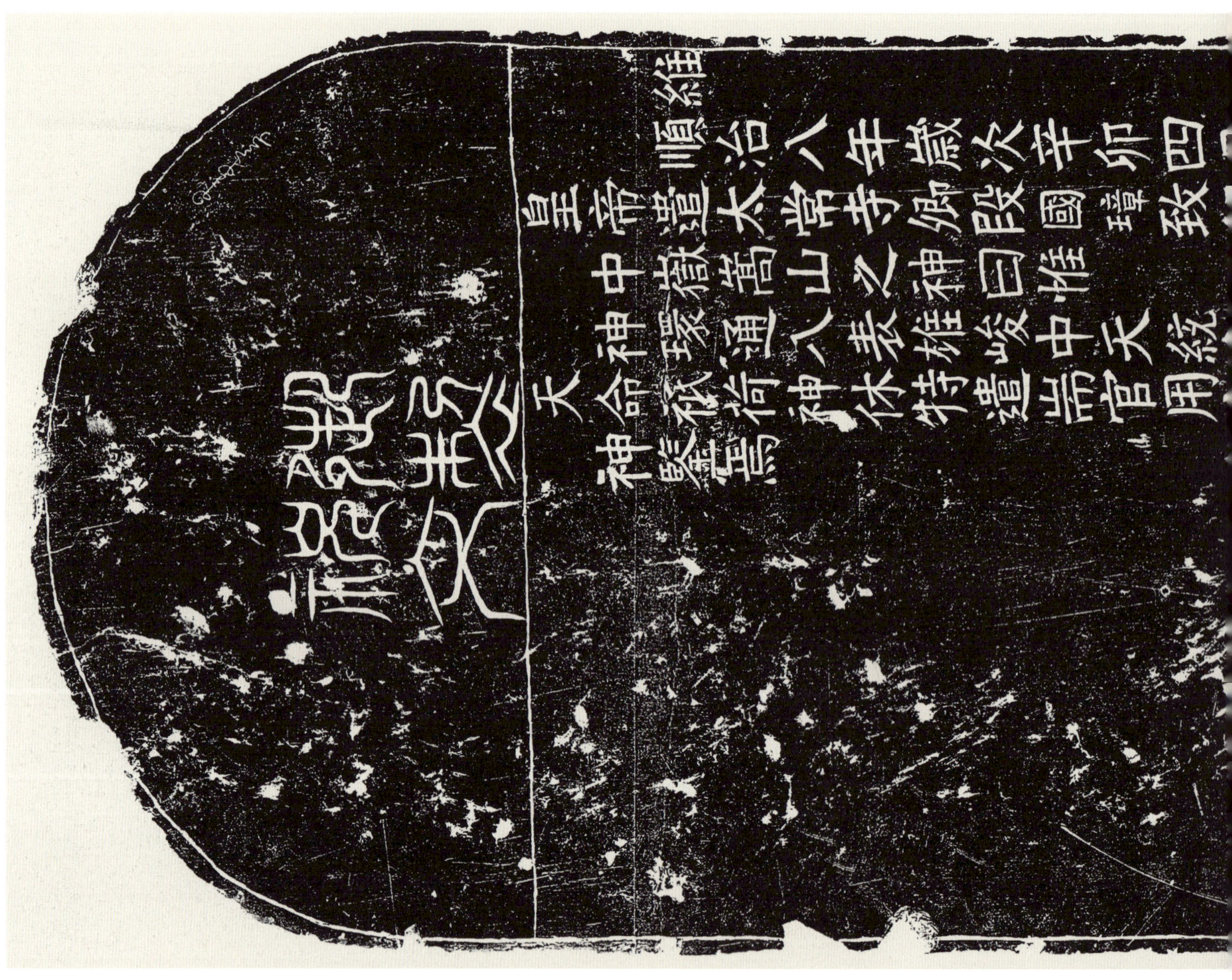

丁未朔越七日癸亥

岳陽交暉日月朕謚膺

极薦惟

知登封縣事張朝瑞

教諭高應世

訓導曹楨芳

典史陶崇榮立石

少林寺寂印知禅师重修十方禅院记

范石甫撰并书　顺治十年八月

御祭文

顺治十八年八月

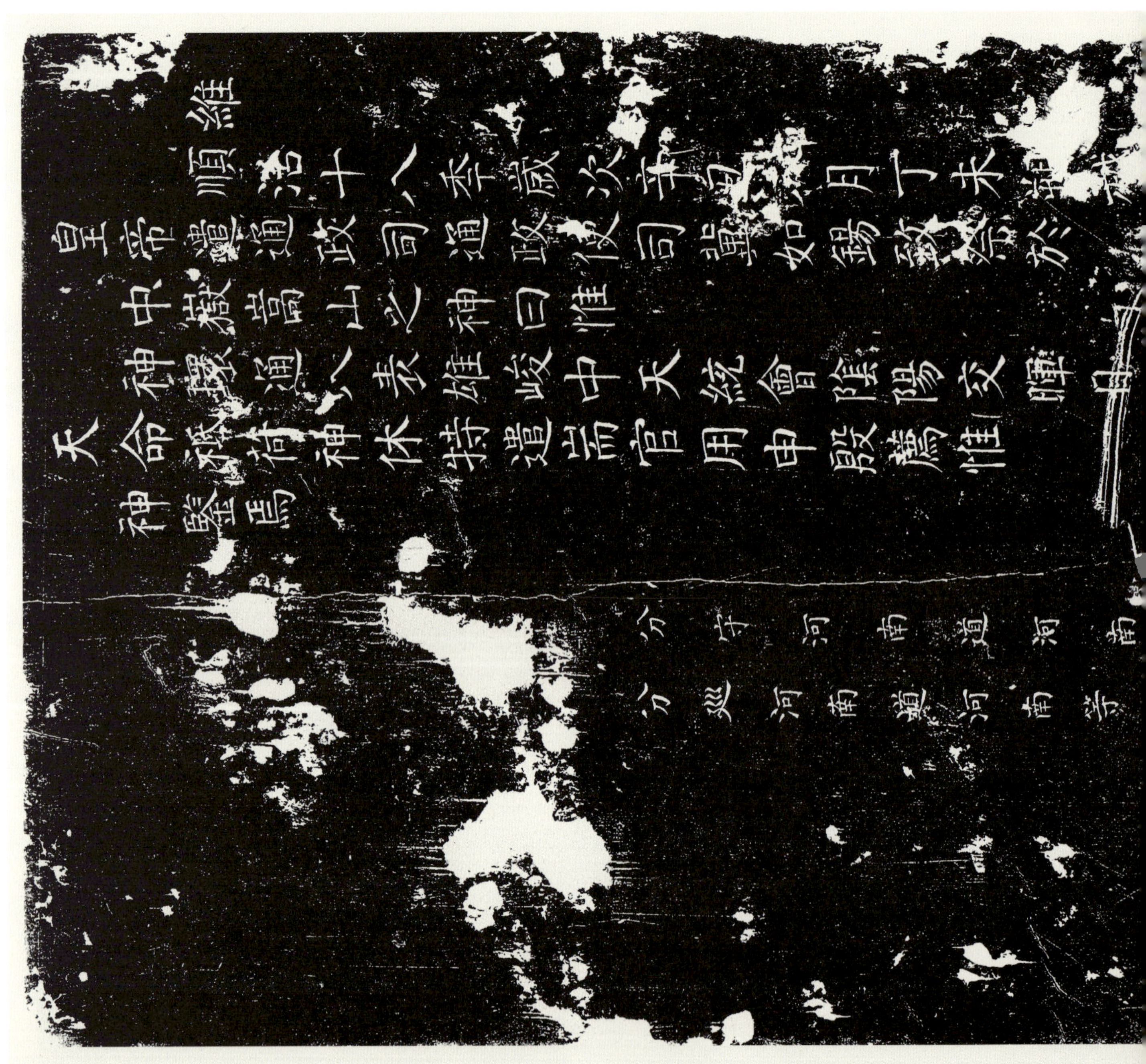

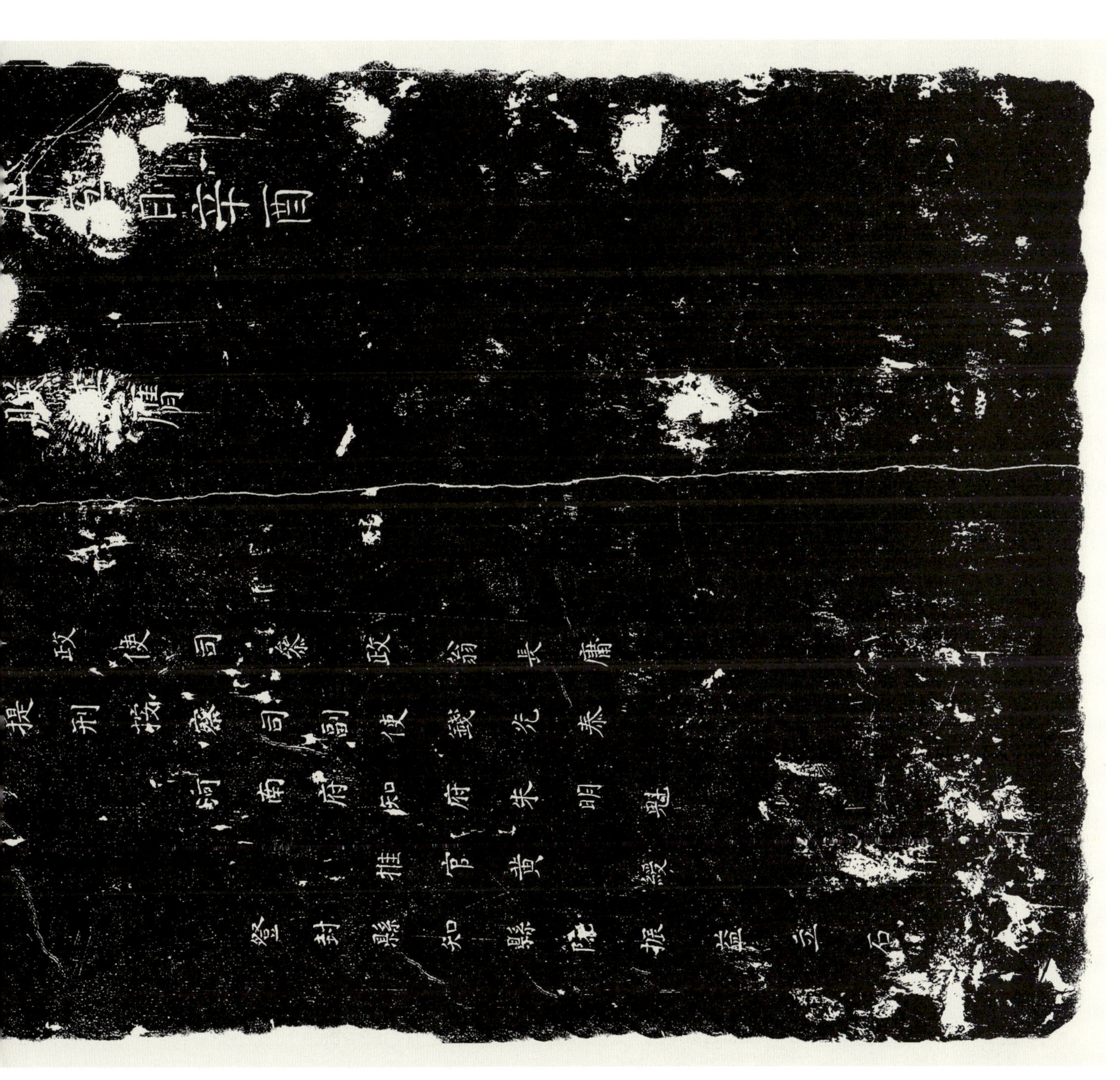

祖庭大少林禅寺钦命赐紫传曹洞正宗第二十八代彼岸宽禅师灵骨之塔

康熙五年六月

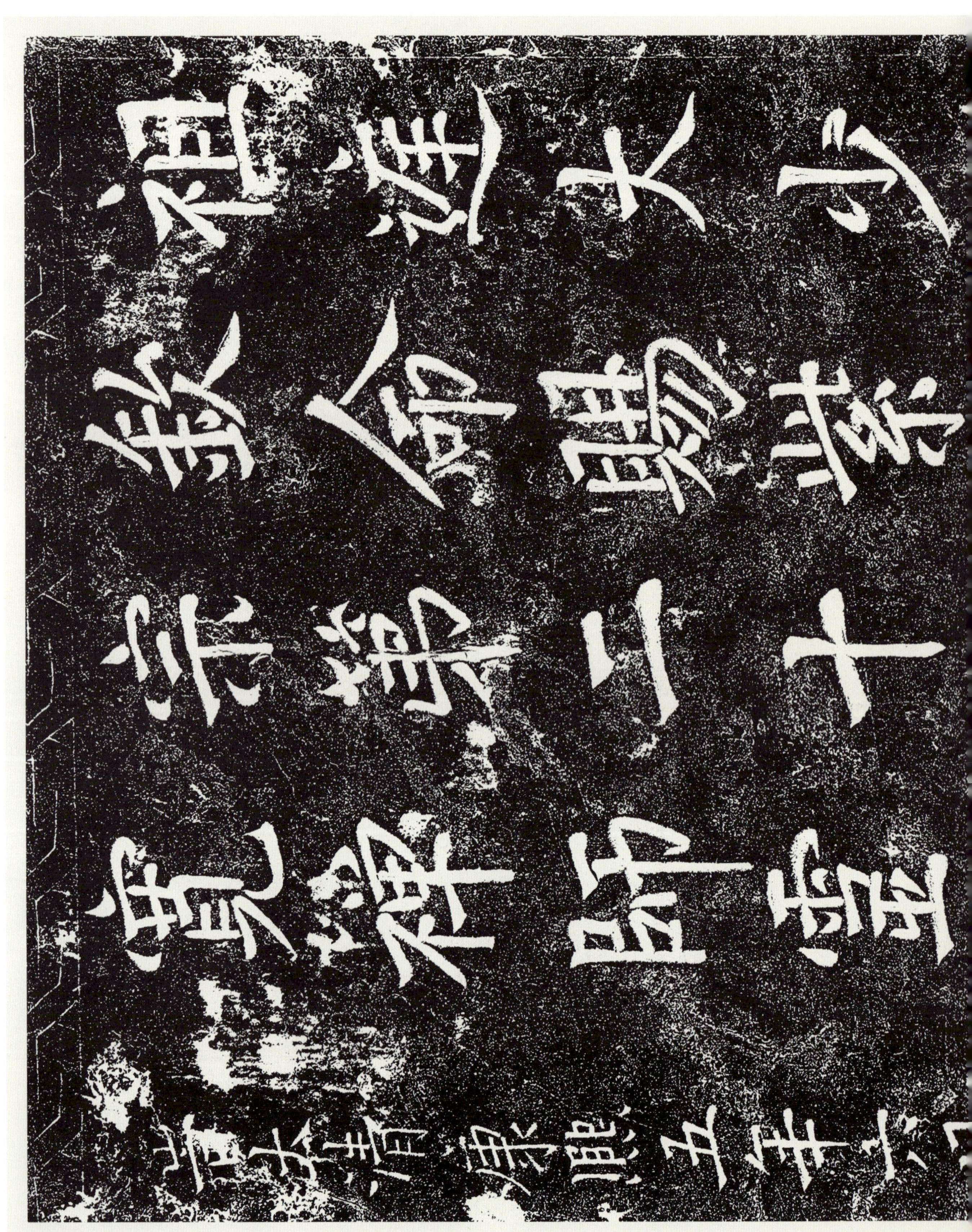

祭中岳文

康熙六年八月

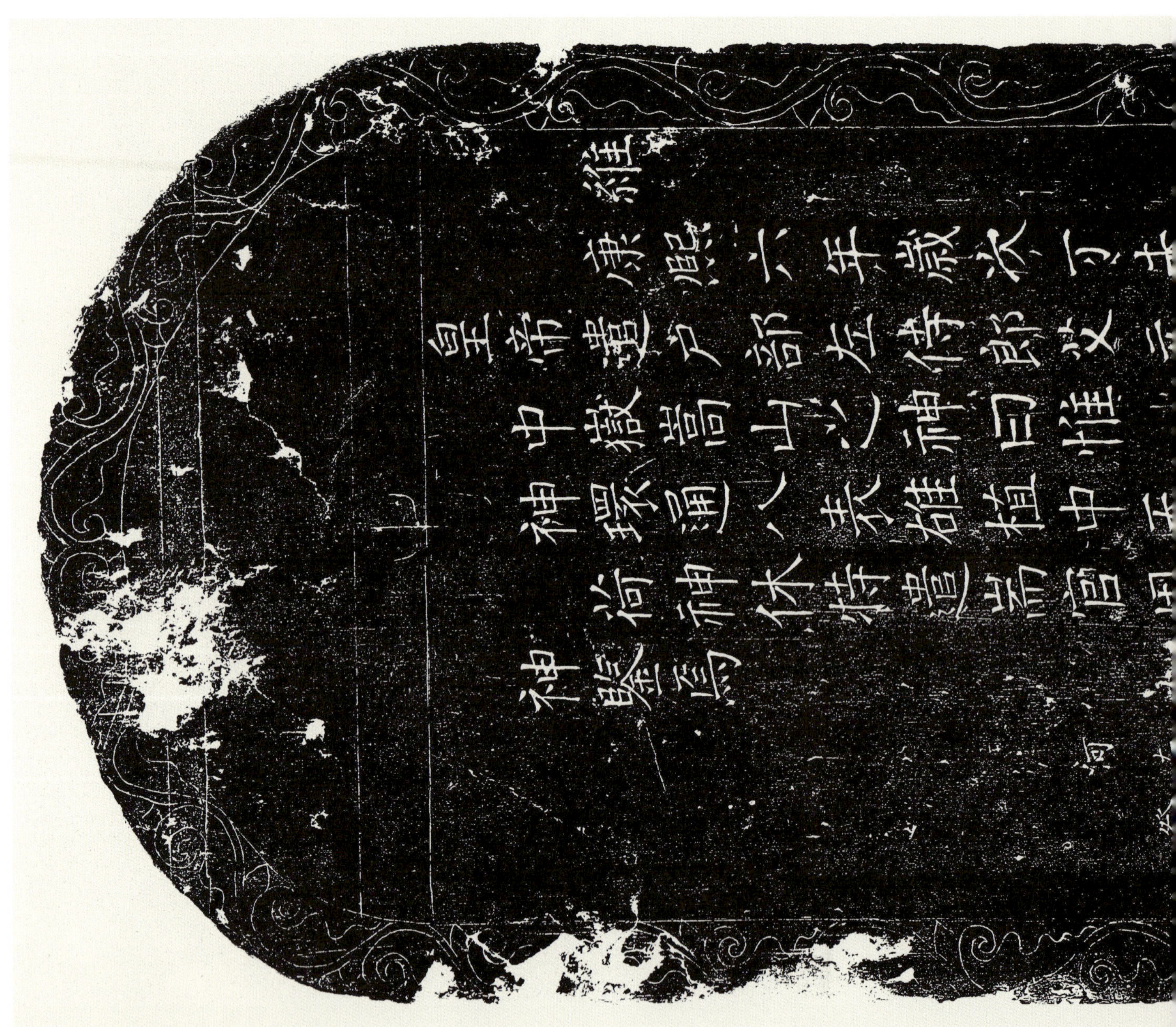

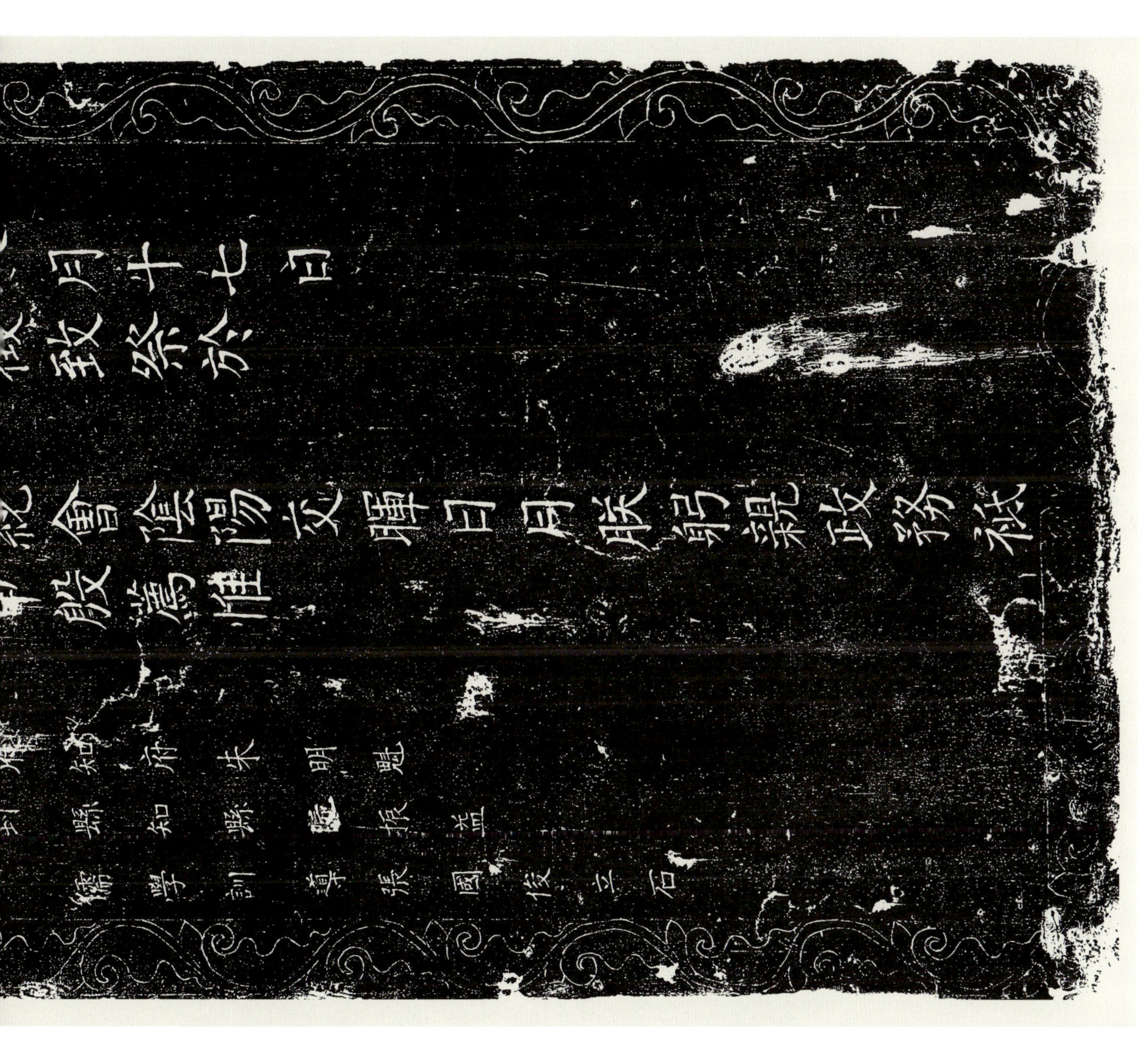

重修慈云禅寺水陆殿序

郝金珮撰　郝铭生书　康熙十四年三月

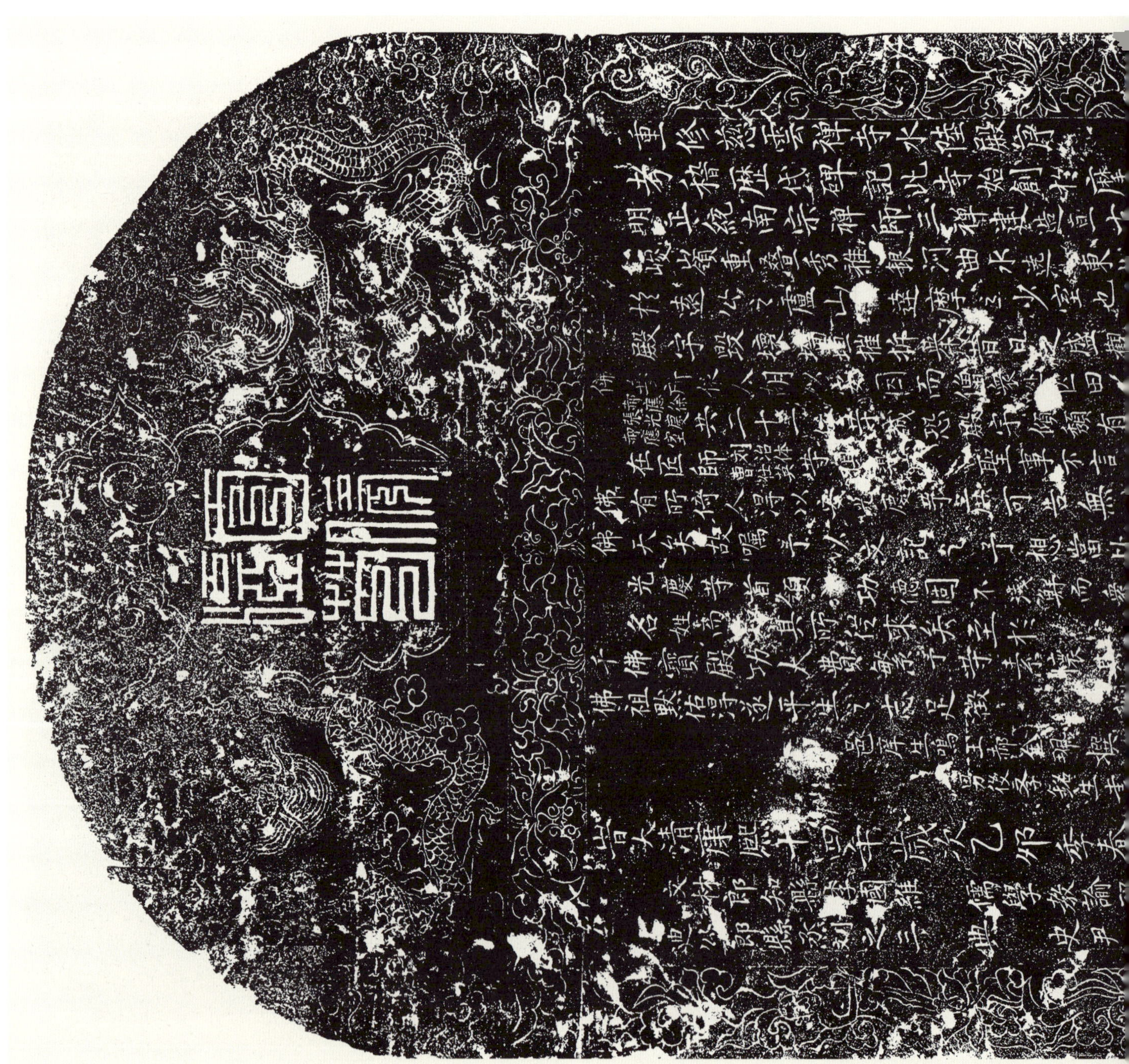

改公禅师塔铭碑记

焦钦宠撰并篆额　康熙十六年三月

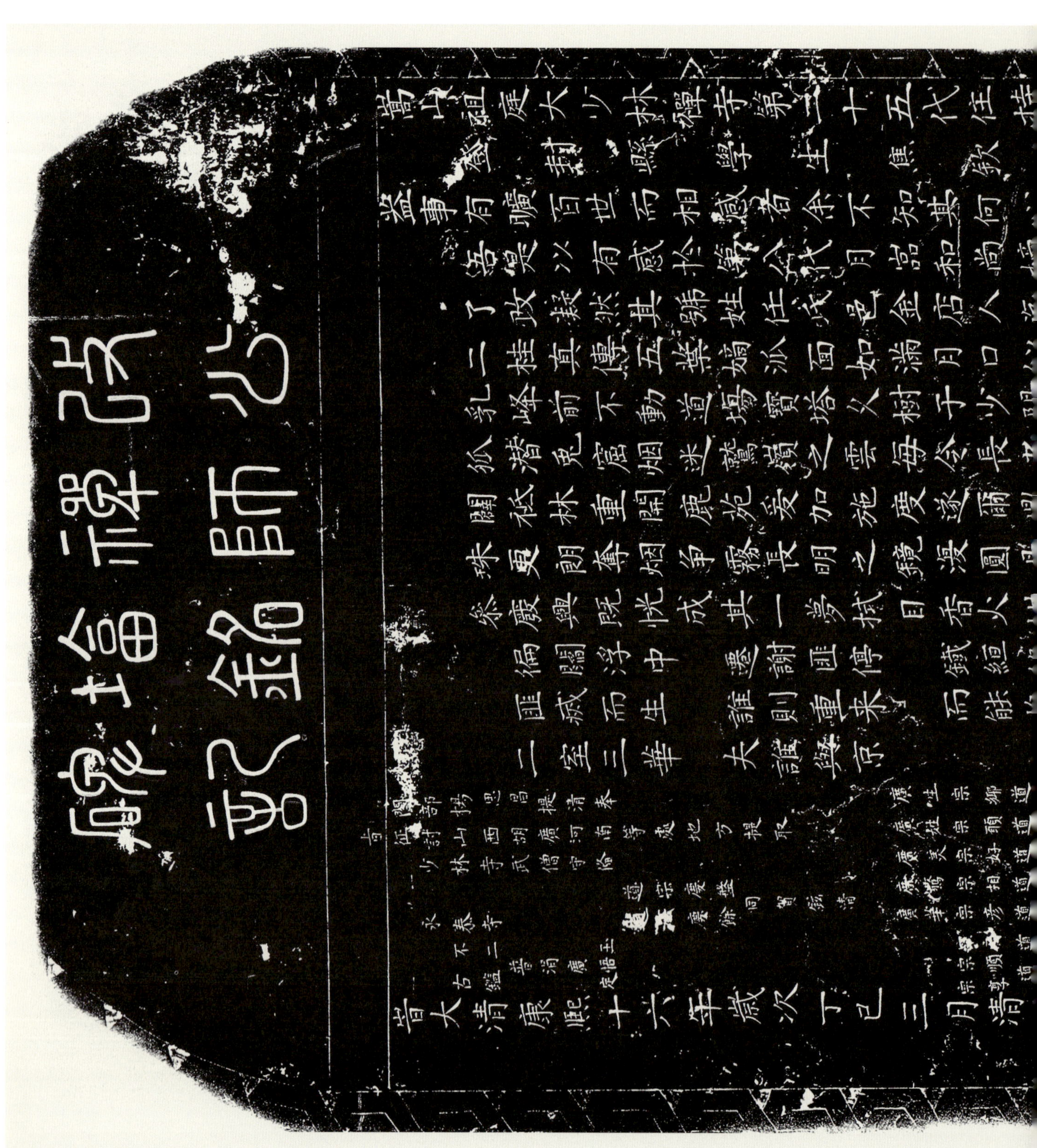

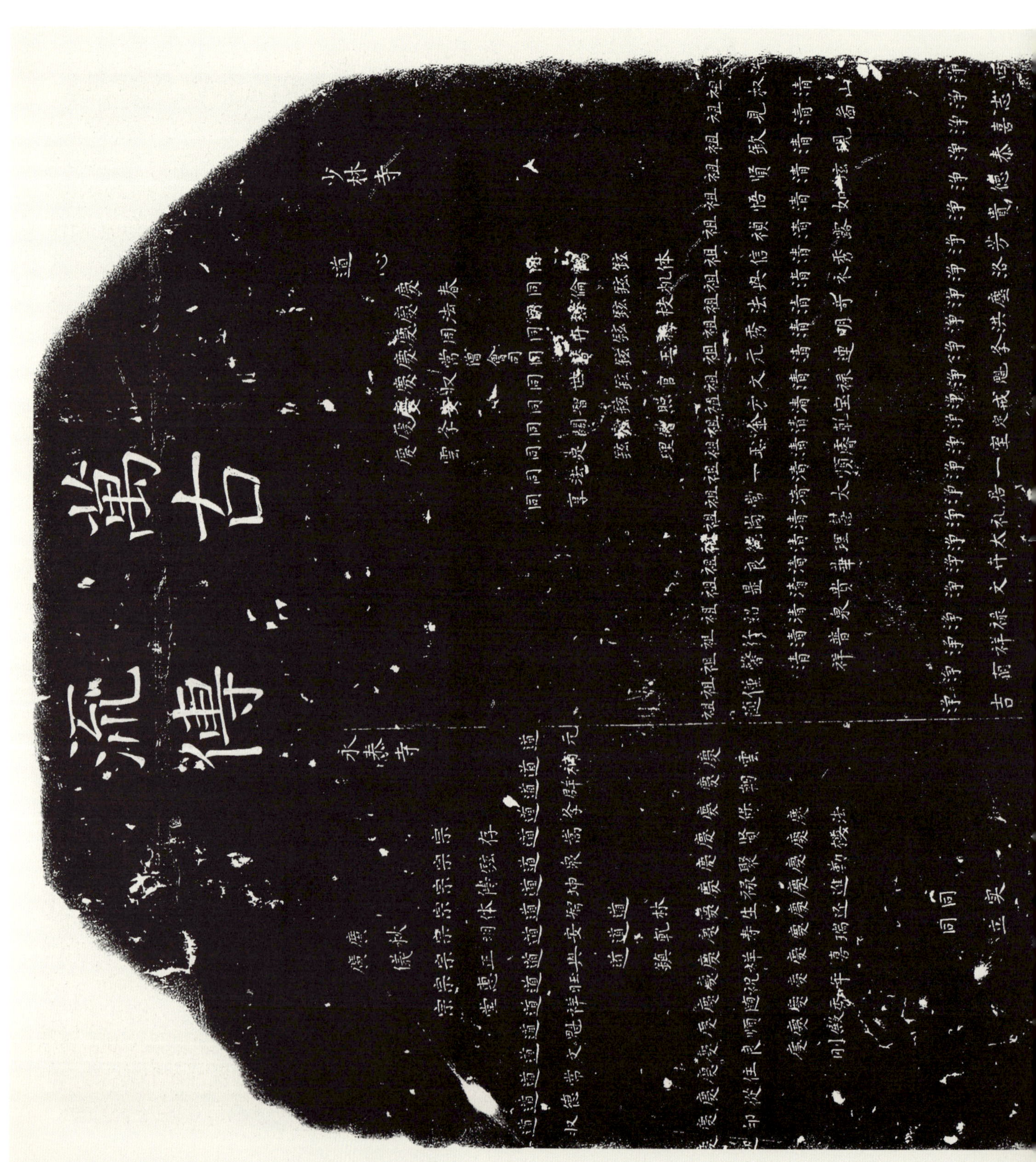
流傳萬古

新续曹洞宗派

康熙二十年二月

开封府陈杞二县信士初祖庵朝岳进香碑

康熙二十九年正月

大清國河南開封府陳杞二縣各
保人氏不同見在帽兒王家庄
週圍居住信士朝山會首王求
福等率衆朝岳進香修醮于
初祖庵幸遇重脩佛殿各捐飯
貲以助小功之烟猶如大海一
粒之米何足道哉自康熙二十
八年來朝不意佛煥然一新
雖人力所爲實
佛力之告蕩也喜賀不盡故勒其
石以爲萬世不朽云

重修地藏十王殿序

郝金珮撰并书　康熙二十九年十月

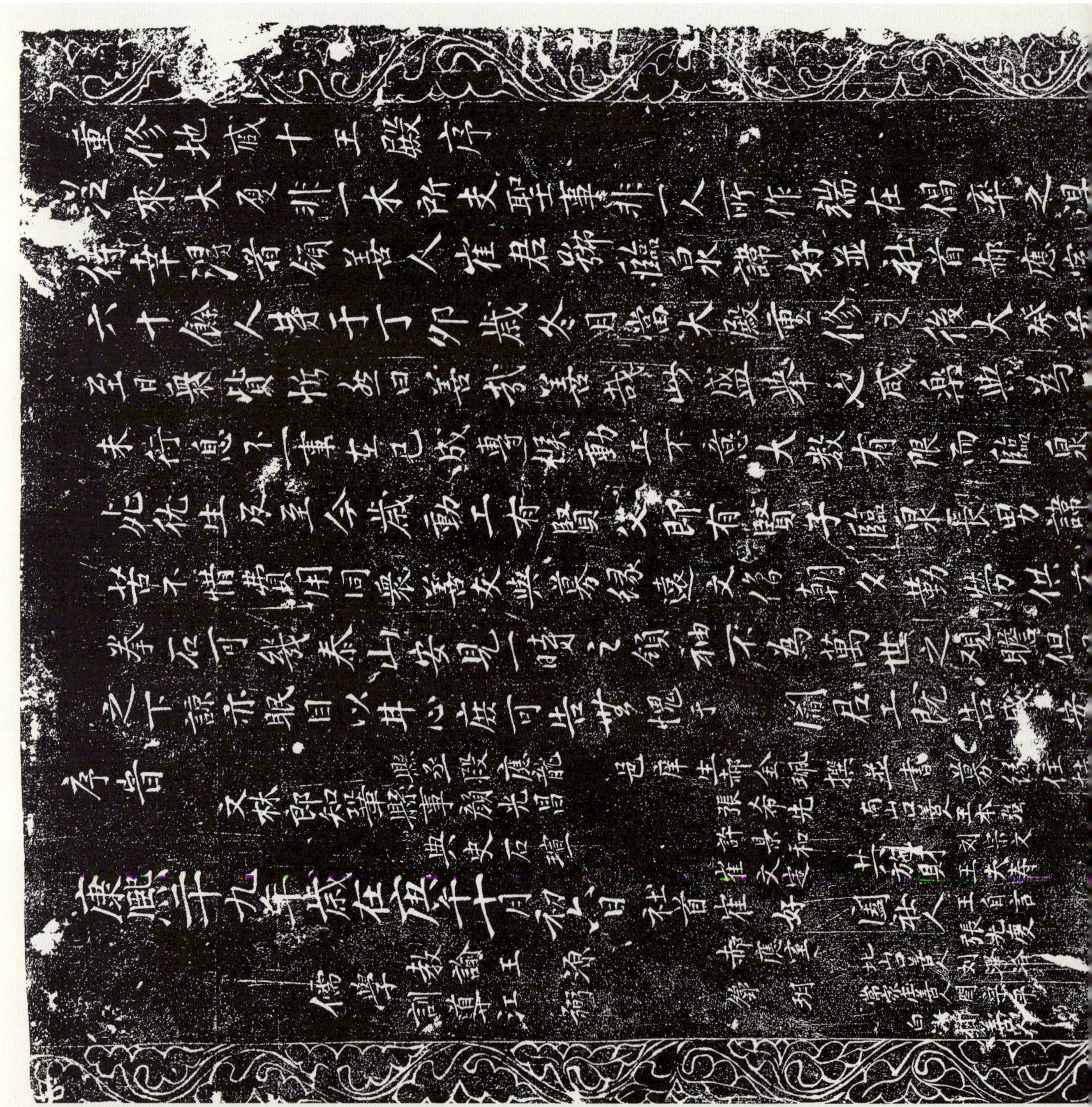

欧阳永叔醉翁亭记

苏轼草书　康熙三十一年二月重刻

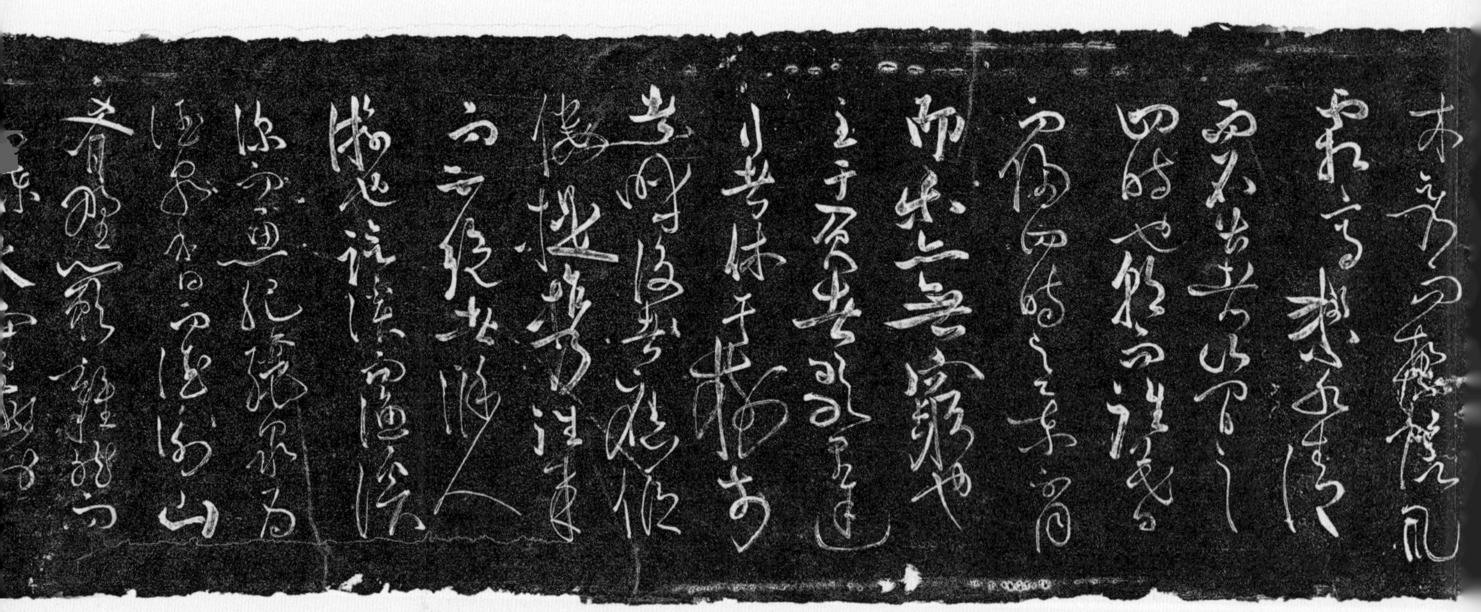

蘇文忠書早師顏魯公嘗大書醉
翁亭記刻石曲阜後學右家法晚喜
李北海書則韻古而用變為圓
熟舊時剛方筆法至此盡脫此後
書亭記其行草相間別有一種豪
逸之學公書多年故考其淵源
特為贊數言書得其用筆之意録
之下不讓想惶云

延陵吳寬

後[illegible]

天地自然之文如風則[illegible]水則興波千奇萬怪不
可窮窺不可但夫孰使之然非風也風氣也蘇[illegible]
然[illegible]相間妙[illegible]水豈可以常[illegible]
之矣
中玄相公[illegible]逵承之[illegible]乃[illegible]
精[illegible]以[illegible]勤得人[illegible]刻[illegible]
[illegible]百式[illegible]因細加校[illegible]不[illegible]月而成模之[illegible]
[illegible]周頻[illegible]

鄢陵劉逵

跋公醉翁亭書乃微篋中物[illegible]御府者[illegible]
府曾祖文襄公得之[illegible]使[illegible]為[illegible]
祖公[illegible]有江陵[illegible]歸[illegible]而相傳[illegible]於人[illegible]
無[illegible]卷矣先是文襄[illegible]先生[illegible]勒石[illegible]
[illegible]留[illegible]其君父為姑祖劉太守摹之[illegible]
石爲存日久斷以模[illegible]藏舊搨一卷相隨[illegible]
[illegible]者五十年[illegible]完好如故展[illegible]因念吾[illegible]物[illegible]
入而[illegible]其[illegible]上重勒上石[illegible]子孫[illegible]
[illegible]不沒先人之志云爾 晋
康熙歲次壬申花月上浣之吉 東里[illegible]識

郝金珮撰并书　康熙三十二年八月

敕赐祖庭少林禅寺顺公和尚之塔

康熙三十五年三月

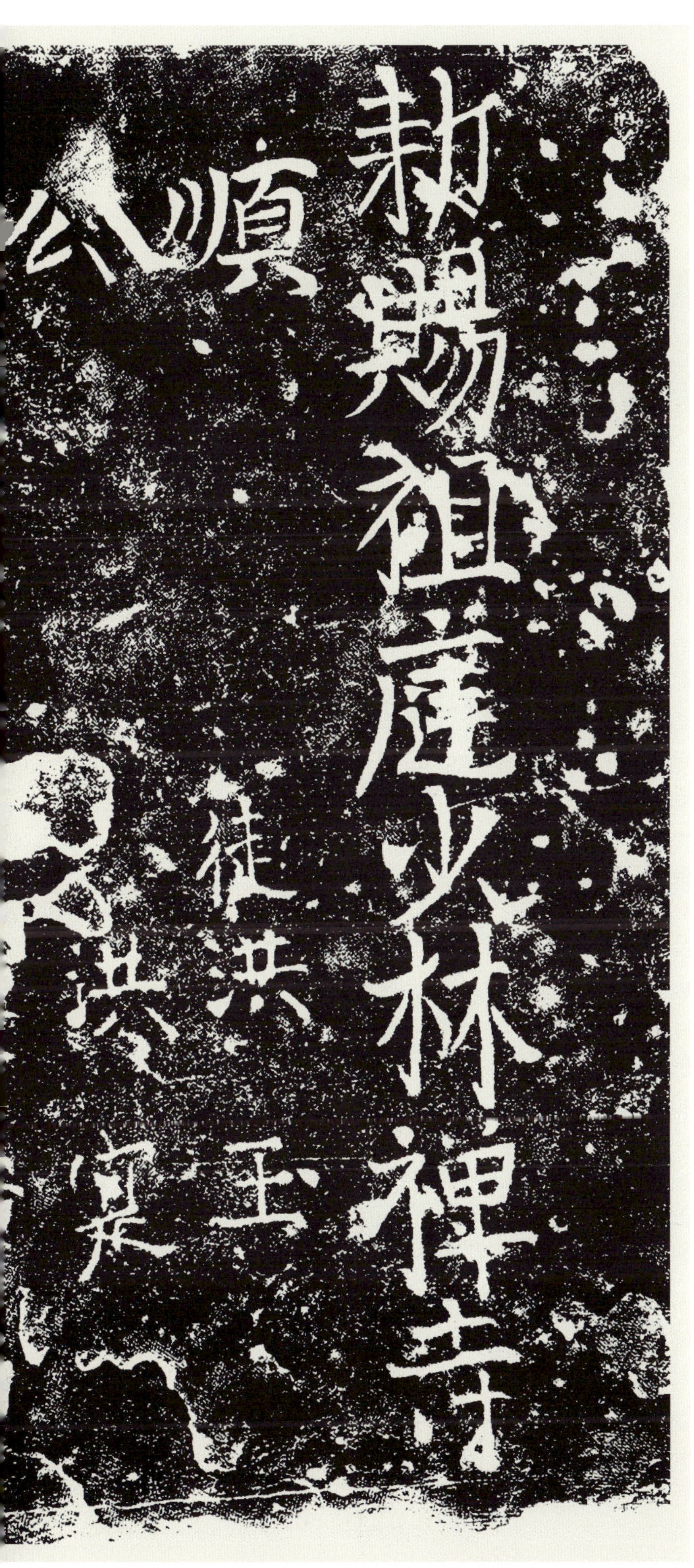

勅賜祖庭少林禪寺
公順
徒洪玉
洪宴

创建张公祠堂碑记

高一麟撰　焦钦成书并篆额　康熙三十五年三月

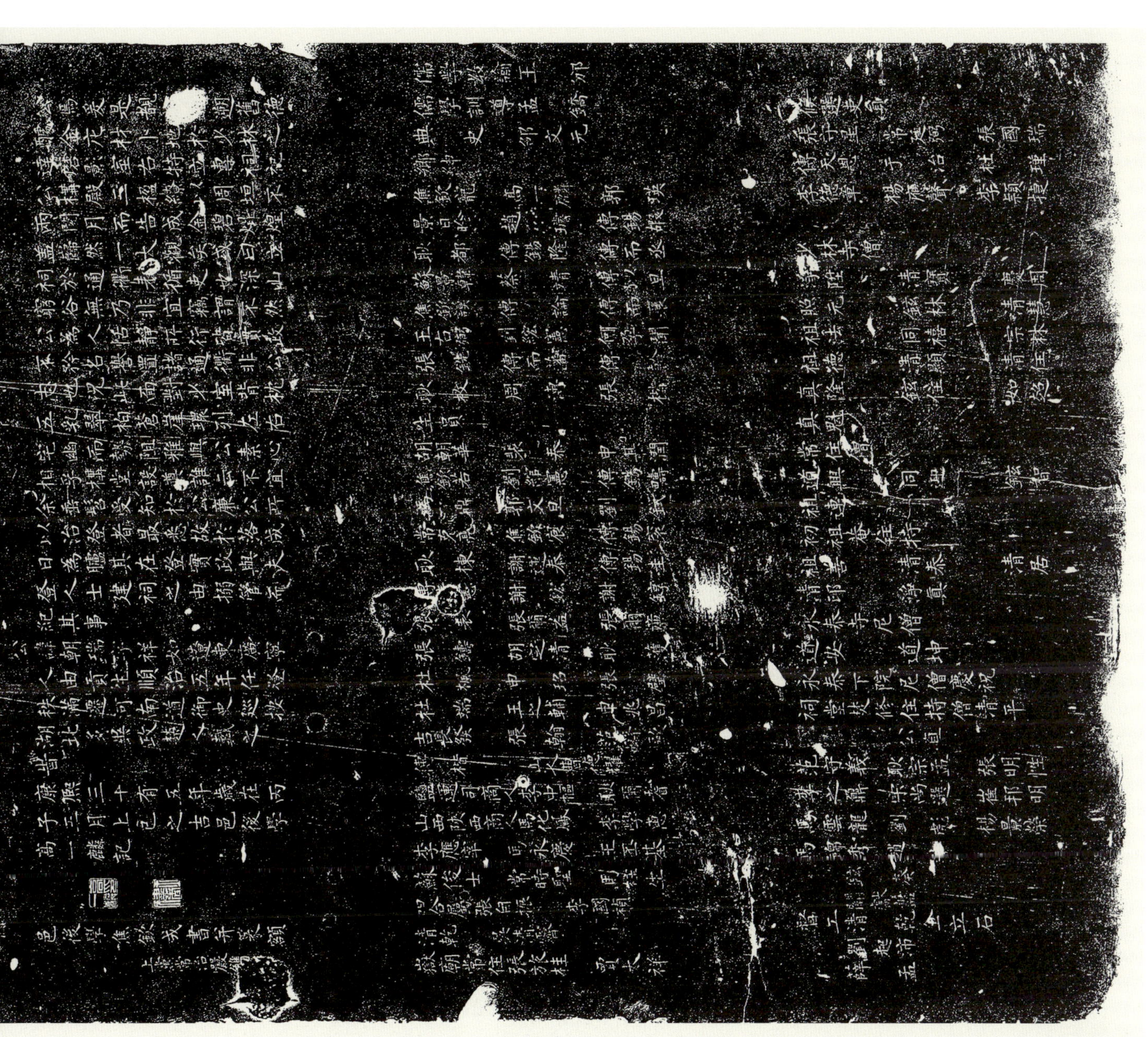

创建张公祠堂德政歌碑

张明性撰　张璧书并篆　康熙三十五年三月

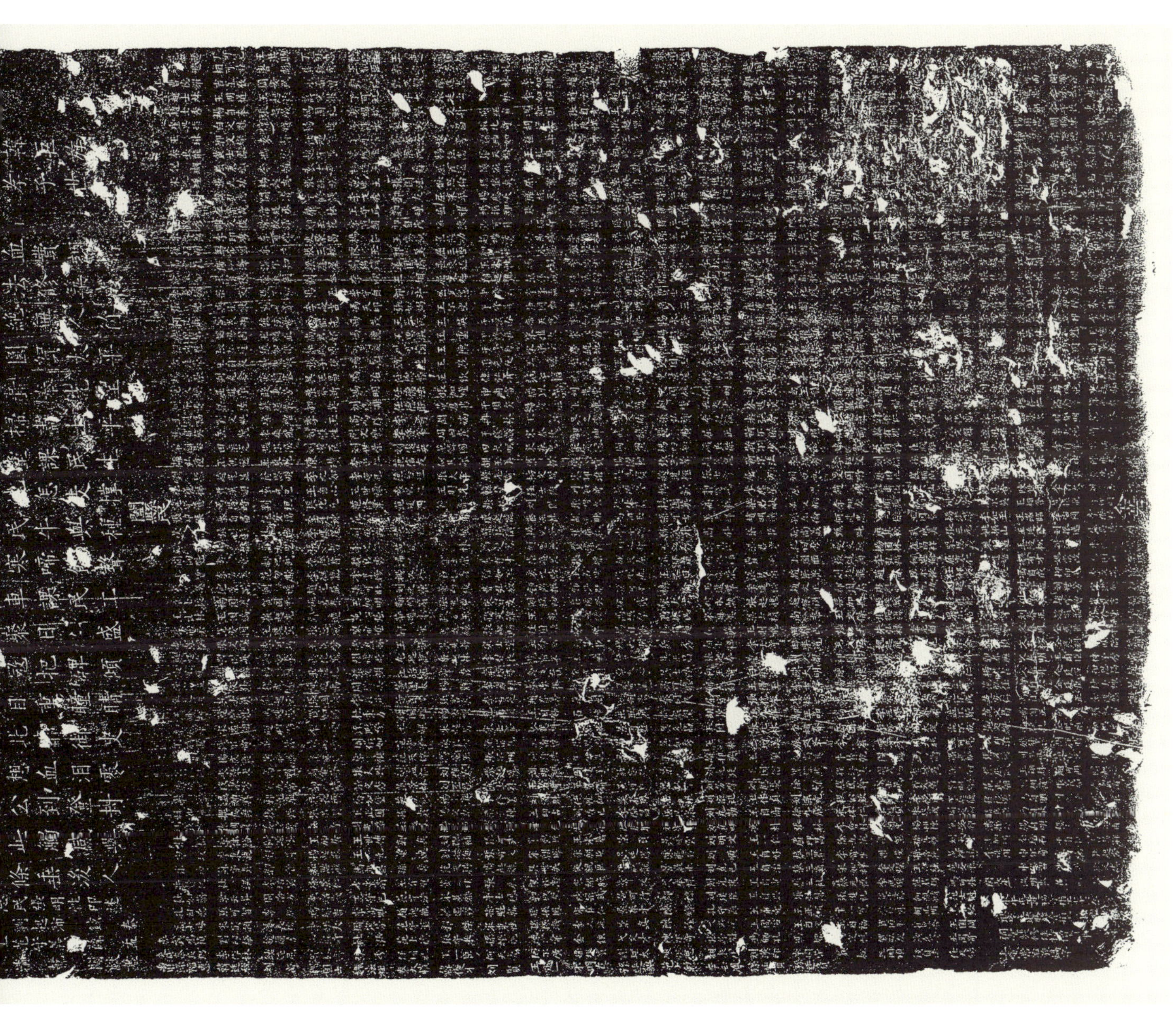

少林禅院修醮记

白其畴撰　康熙四十六年二月

重修城隍庙乐楼记

段玮撰　李本嘉书　康熙五十五年夏

敕赐祖庭少林禅寺圆寂恩师魁公和尚觉灵寿塔

康熙五十五年十月

敕赐祖庭少林禅寺圆寂恩师嵩邱钦公和尚寿塔

康熙五十五年十月

敕賜祖庭少林禪寺

圓寂恩師嵩邱欽公和尚壽塔

孝徒清宇　慧
孝徒清瑞　徒孫淨明　智

康熙五十五年十月吉日立石

御祭碑文

雍正元年二月

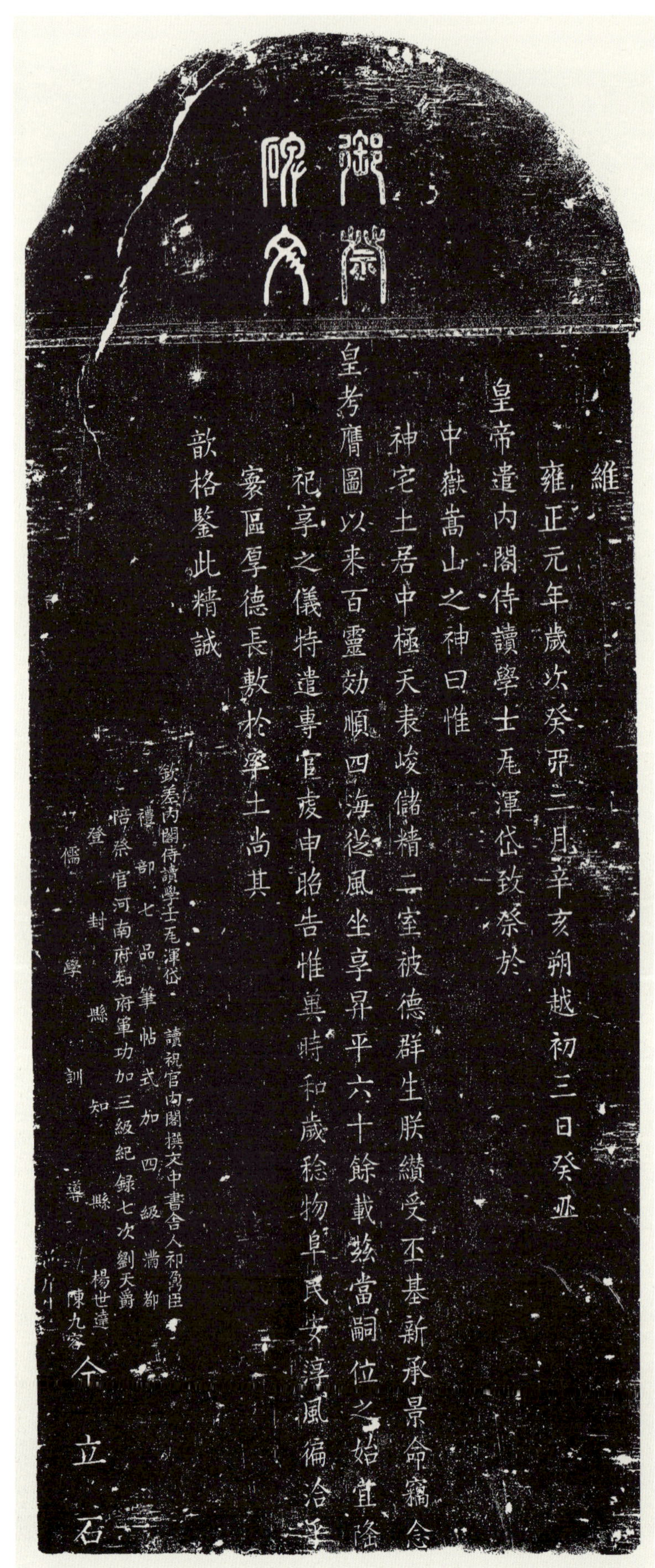
御祭碑文

維

雍正元年歲次癸卯二月辛亥朔越初三日癸丑

皇帝遣内閣侍讀學士尨渾岱致祭於

中嶽嵩山之神曰惟

神宅土居中極天表峻儲精二室被德群生朕纘受丕基新承景命竊念

皇考膺圖以来百靈效順四海從風坐享昇平六十餘載兹當嗣位之始宜隆

祀享之儀特遣專官虔申昭告惟冀時和歲稔物阜民安淳風徧洽于

寰區厚德長敷於率土尚其

歆格鑒此精誠

欽差内閣侍讀學士尨渾岱　讀祝官内閣撰文中書舍人和爲臣

禮部七品筆帖式加四級潽都

陪祭官河南府知府軍功加三級紀録七次劉天爵

登封縣知縣楊世達

儒學訓導陳九容

仝立石

月
日
山西遼州和順縣内陽村善人張從丙捐修
大清
金裝佛像油画大殿修韋陀殿碑
雍正六年十月十五吉立 住持僧心願敬立

重修石窟寺碑记

季□撰并书　雍正十三年正月

重修三皇庙碑记

周郇撰　刘凝书　雍正十三年四月

重修龙王牛王等神庙碑记

杨□发撰并书　乾隆五年四月

重修伽蓝殿记

胡如恒书　乾隆九年七月

敕赐嵩山祖庭大少林禅寺都耆居元白方公和尚寿塔

乾隆十一年三月

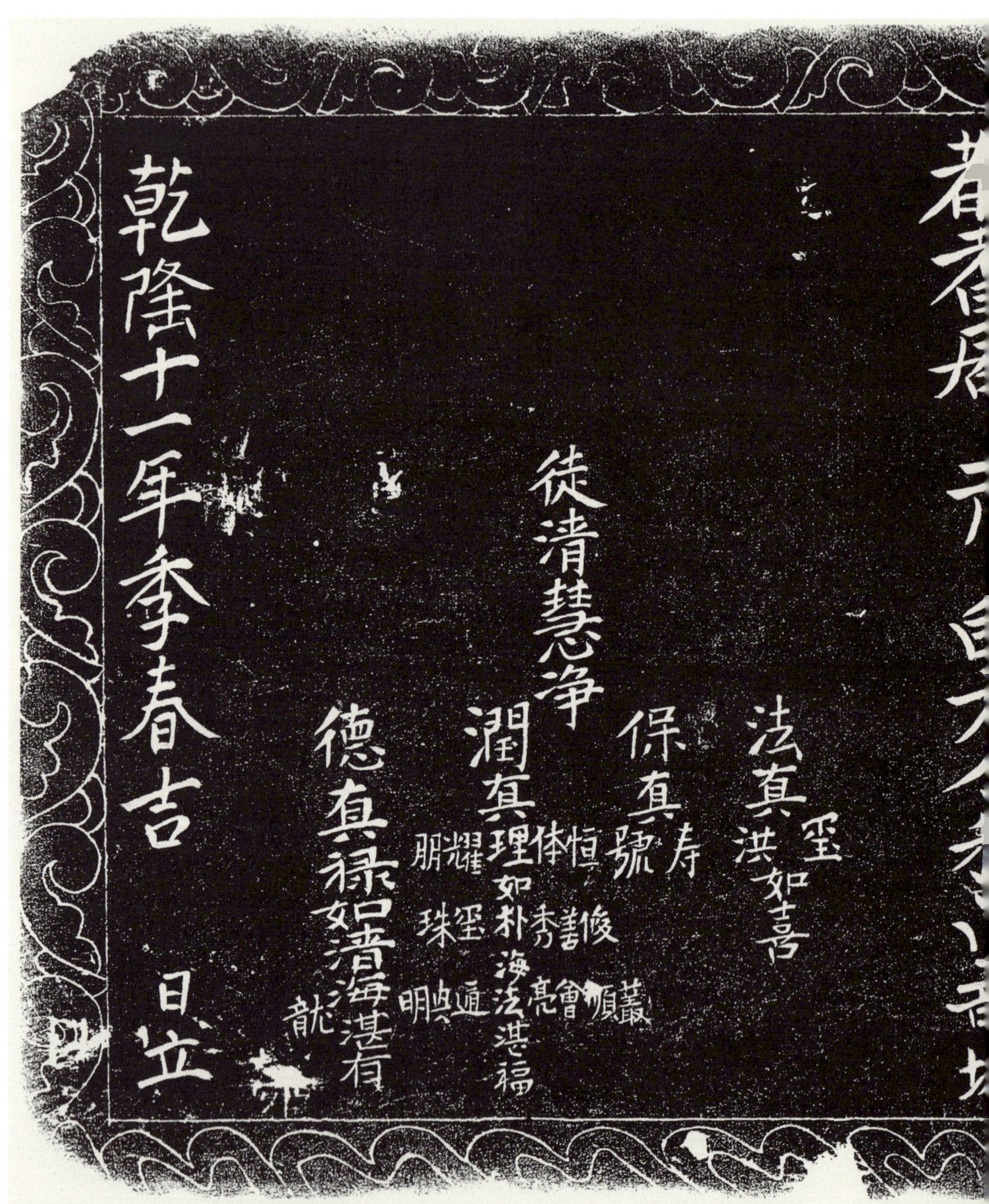

敕賜嵩山祖庭大少林禪寺
覓真
全
與如實
徒清如淨
華真
禪
松
徒清秀淨
廣
秋如現
真
惟
容
如乾

御祭文

乾隆十三年五月

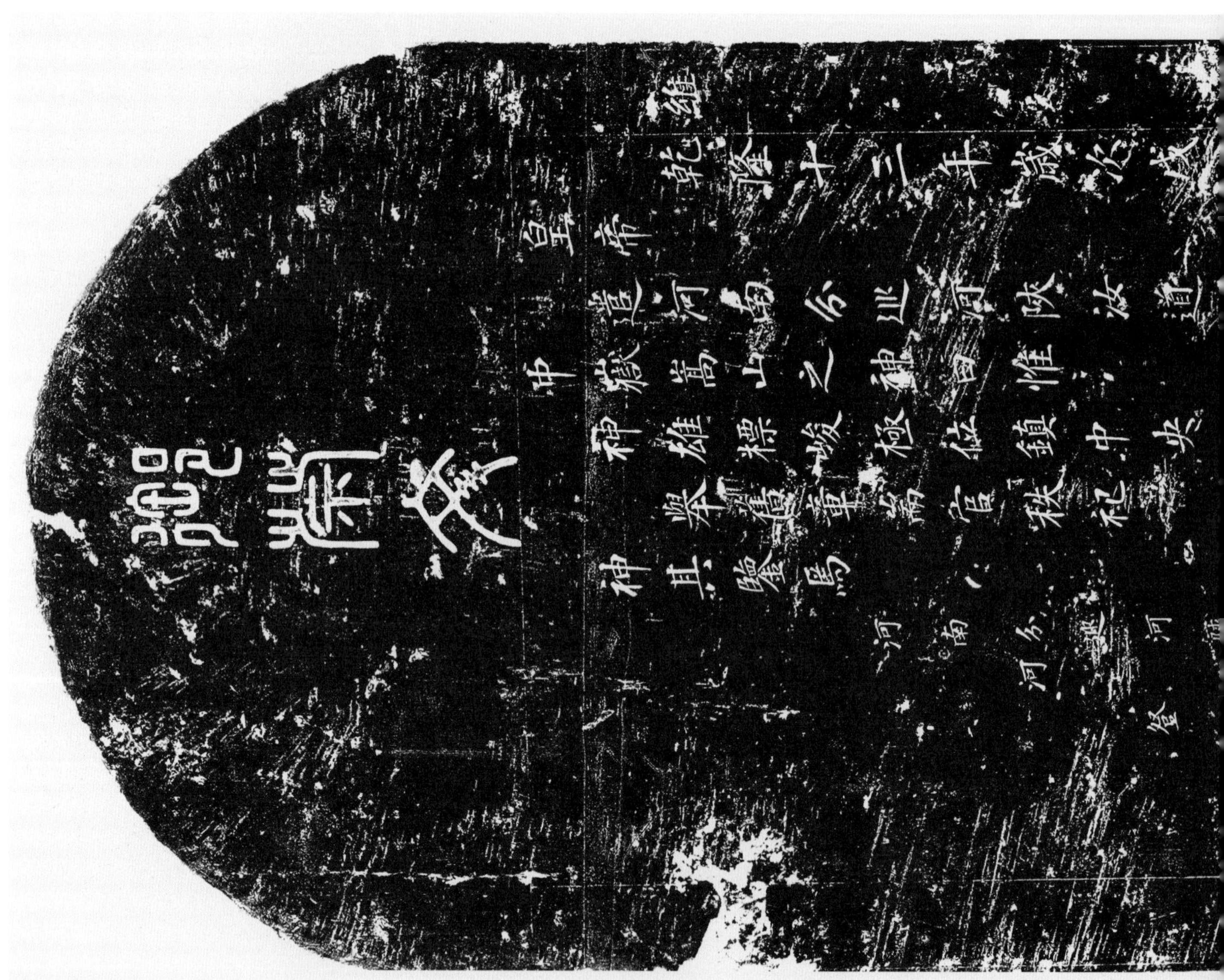
御祭文
維乾隆十三年歲次戊
皇帝遣河南分巡河陝汝道
中嶽嵩山之神曰惟
神雄標峻極位鎮中央
舉舊章肅官秩祀
神其鑒焉

御祭文

乾隆十四年六月

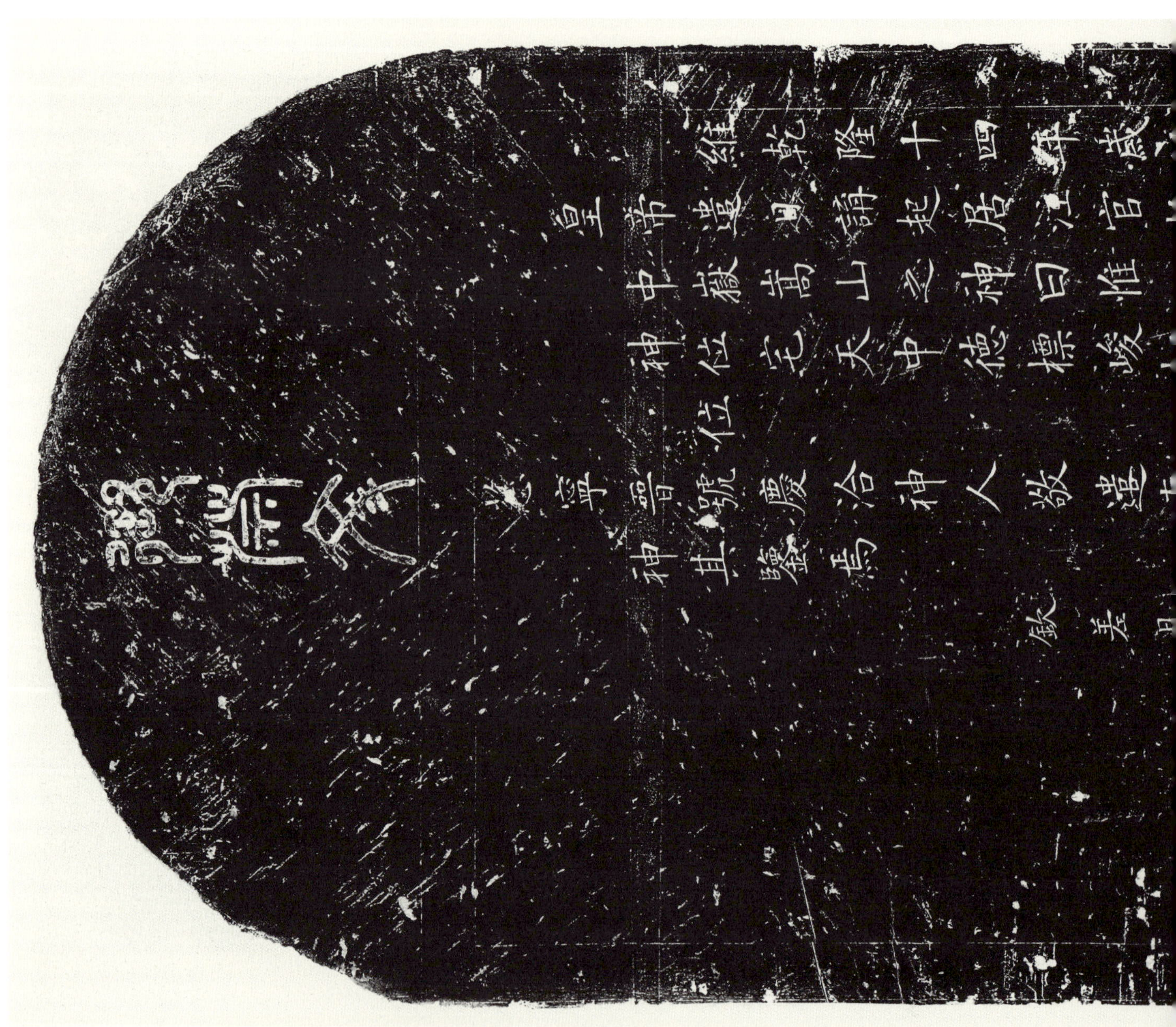

乾隆庚午九秋之杪宿少林寺用唐沈佺期韵并书

乾隆十五年九月

乾隆庚午初冬登华盖峰作并书

乾隆十五年十月

乾隆庚午初冬秩祀礼成作并书

乾隆十五年十月

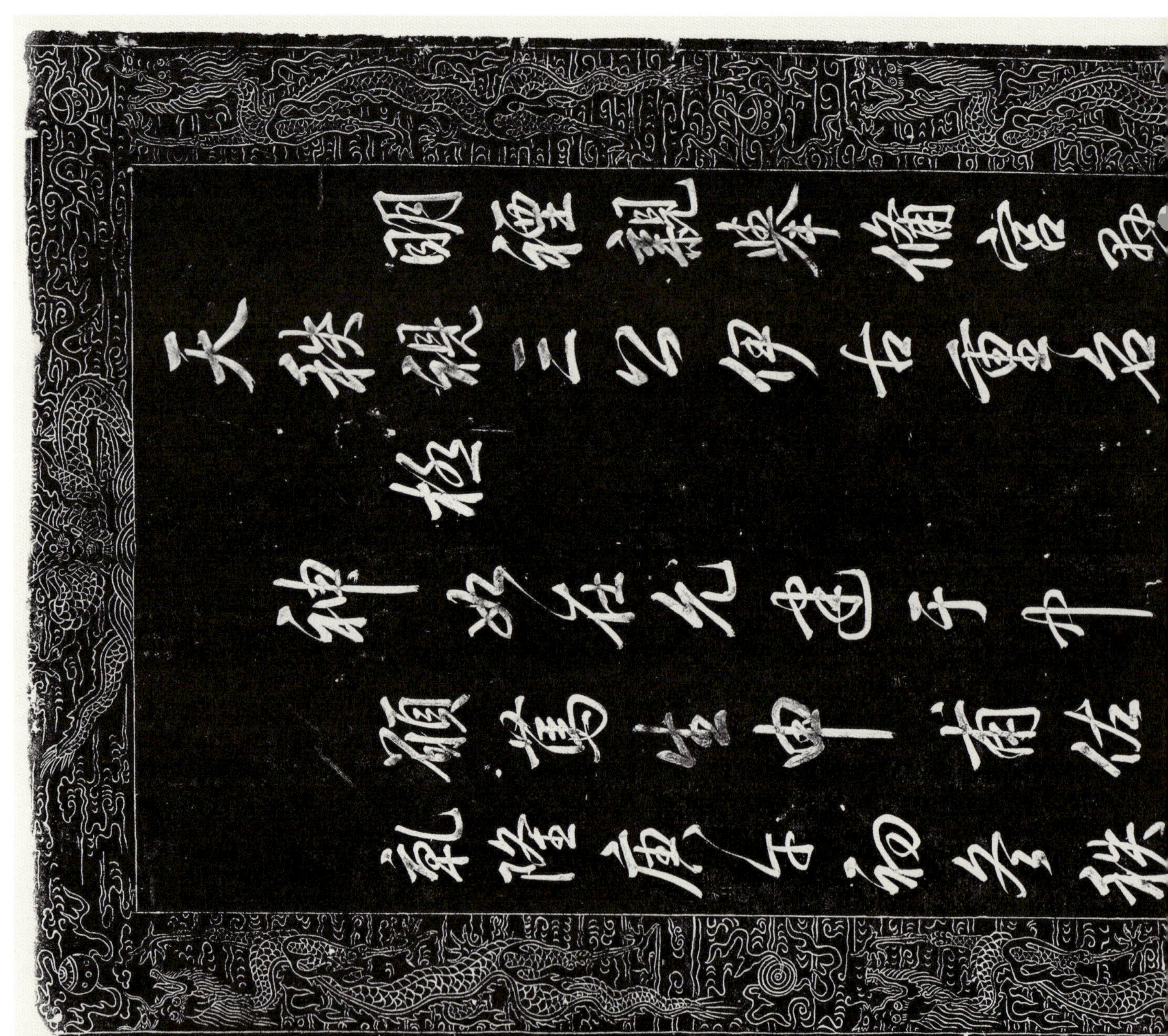

德祐高峰發極
尋五嶽亟今然會云有
遍宣偏胼蠁顧陳心所
當宣
祀禮成作

乾隆庚午冬十月谒岳庙有作并书

乾隆十五年十月

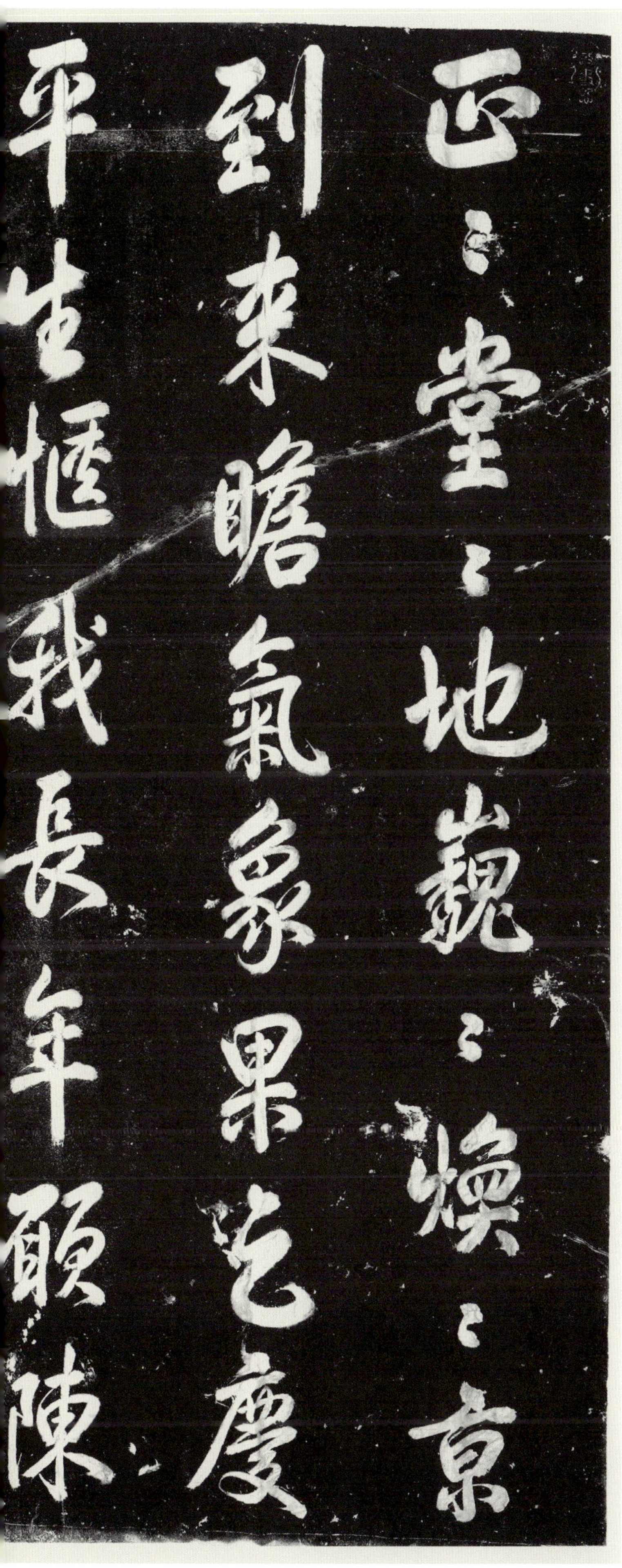

王太公祖承修少林寺工程记

部煜撰　刘诰书　乾隆十七年九月

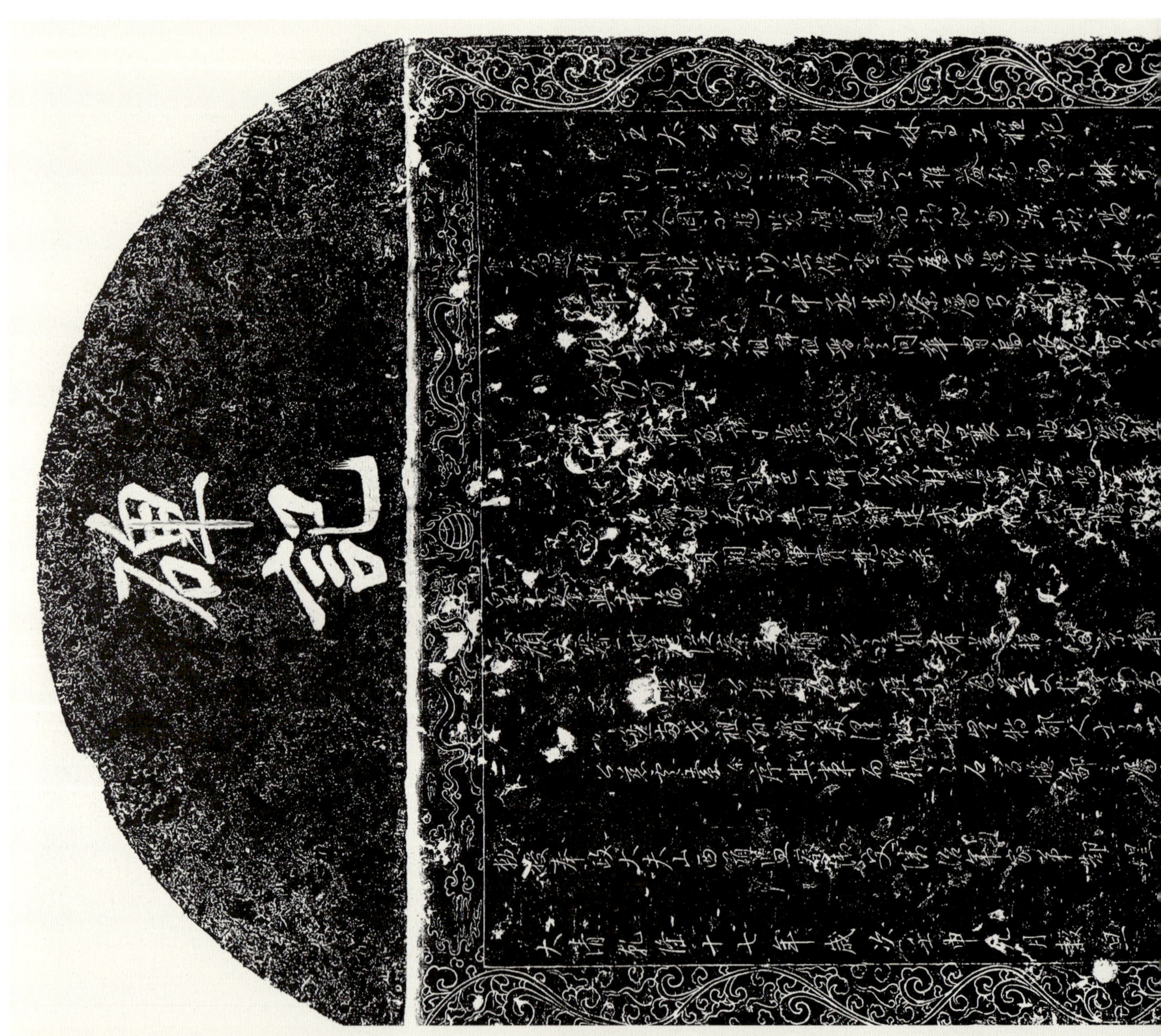

碑阳

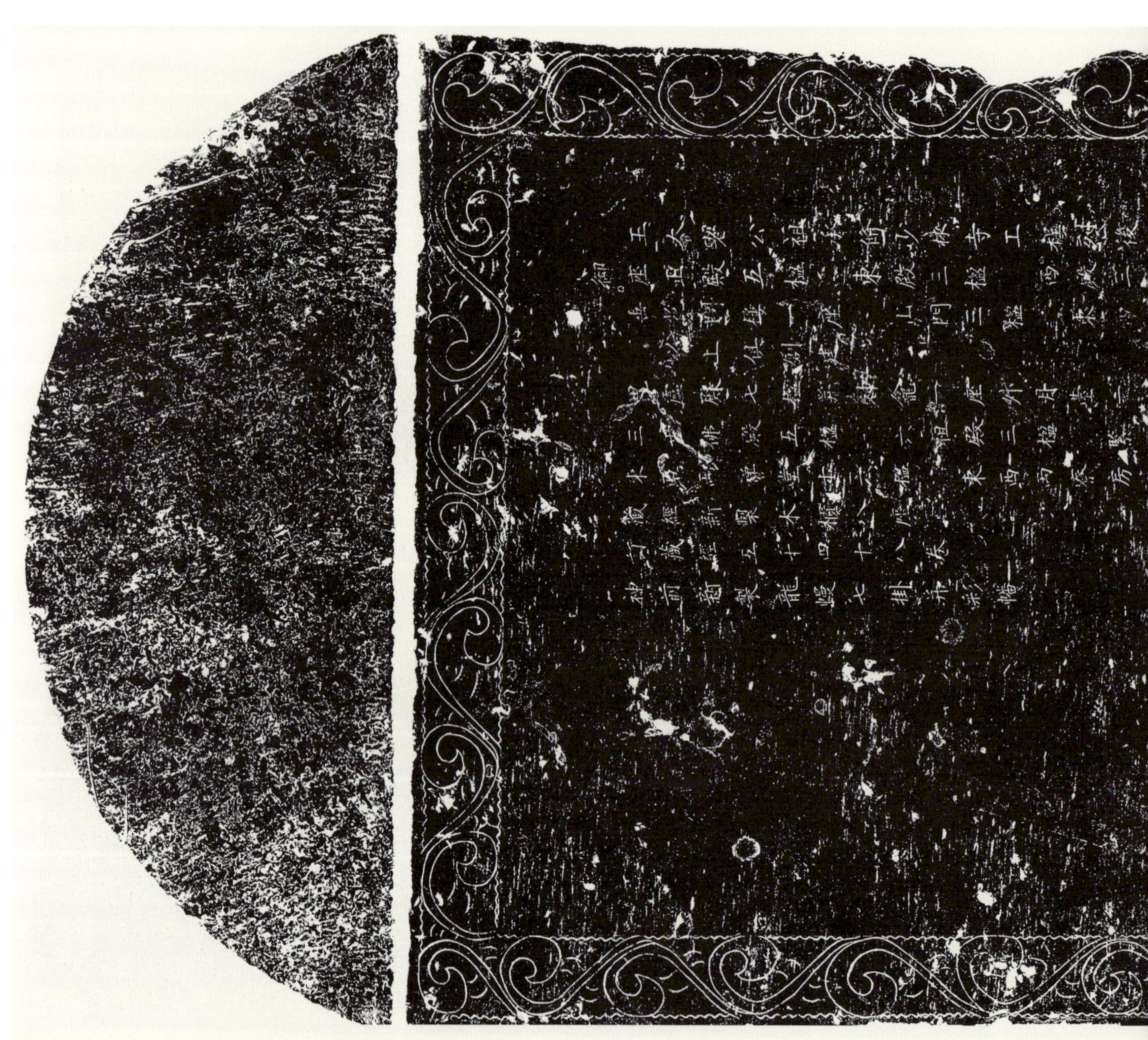

碑阴

御祭文

乾隆二十年八月

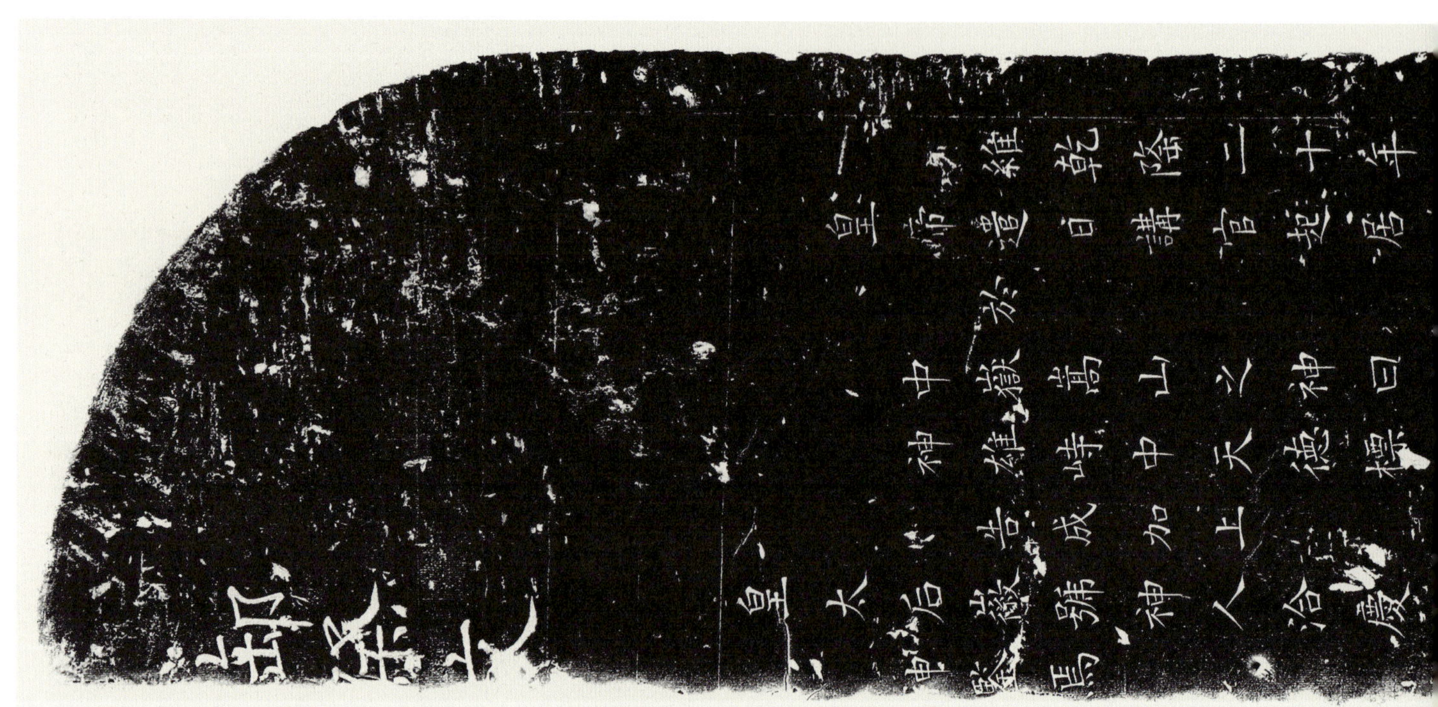

凝然改公长老碑

海月撰　海龙书　乾隆二十一年三月

碑阳

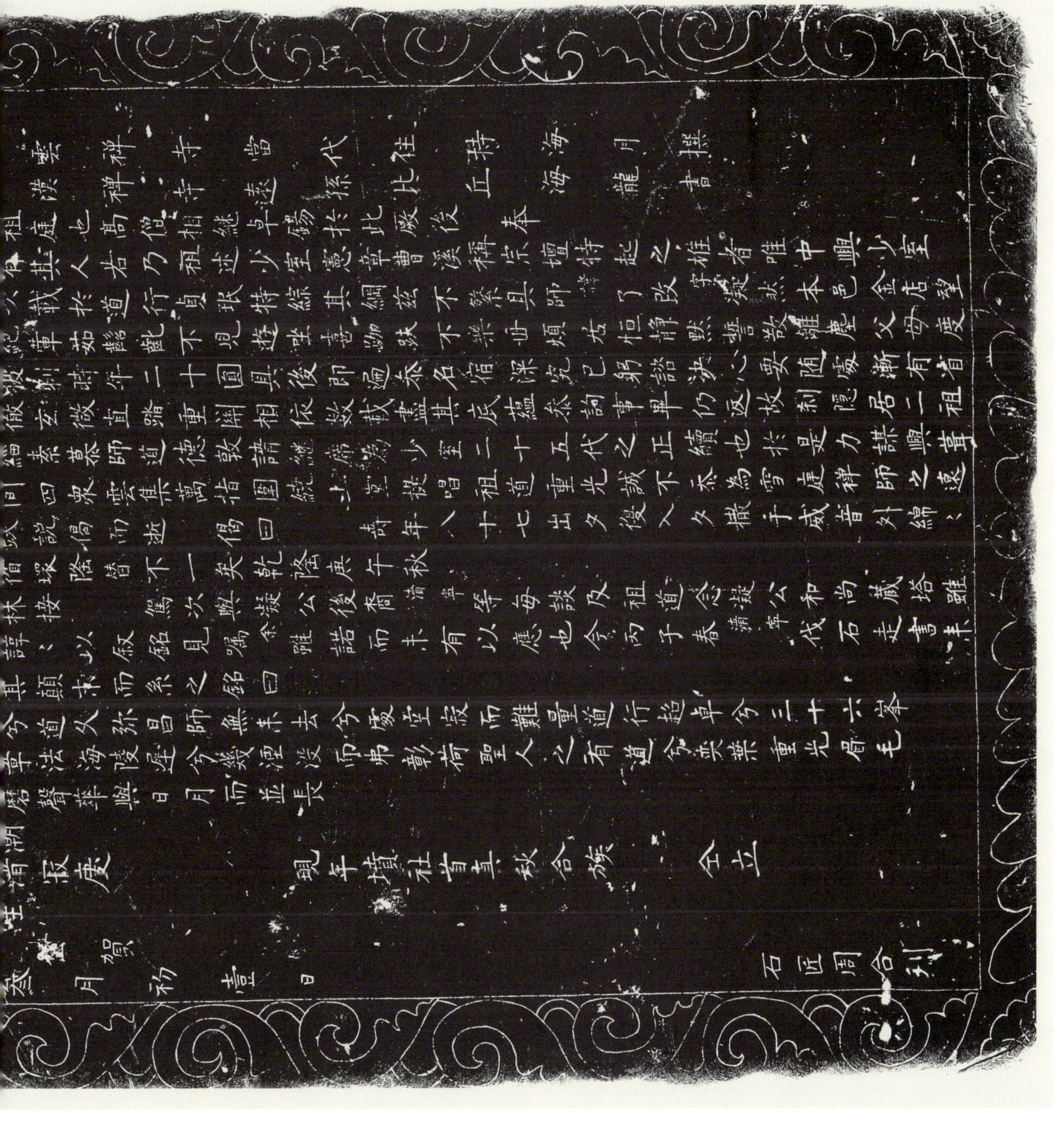

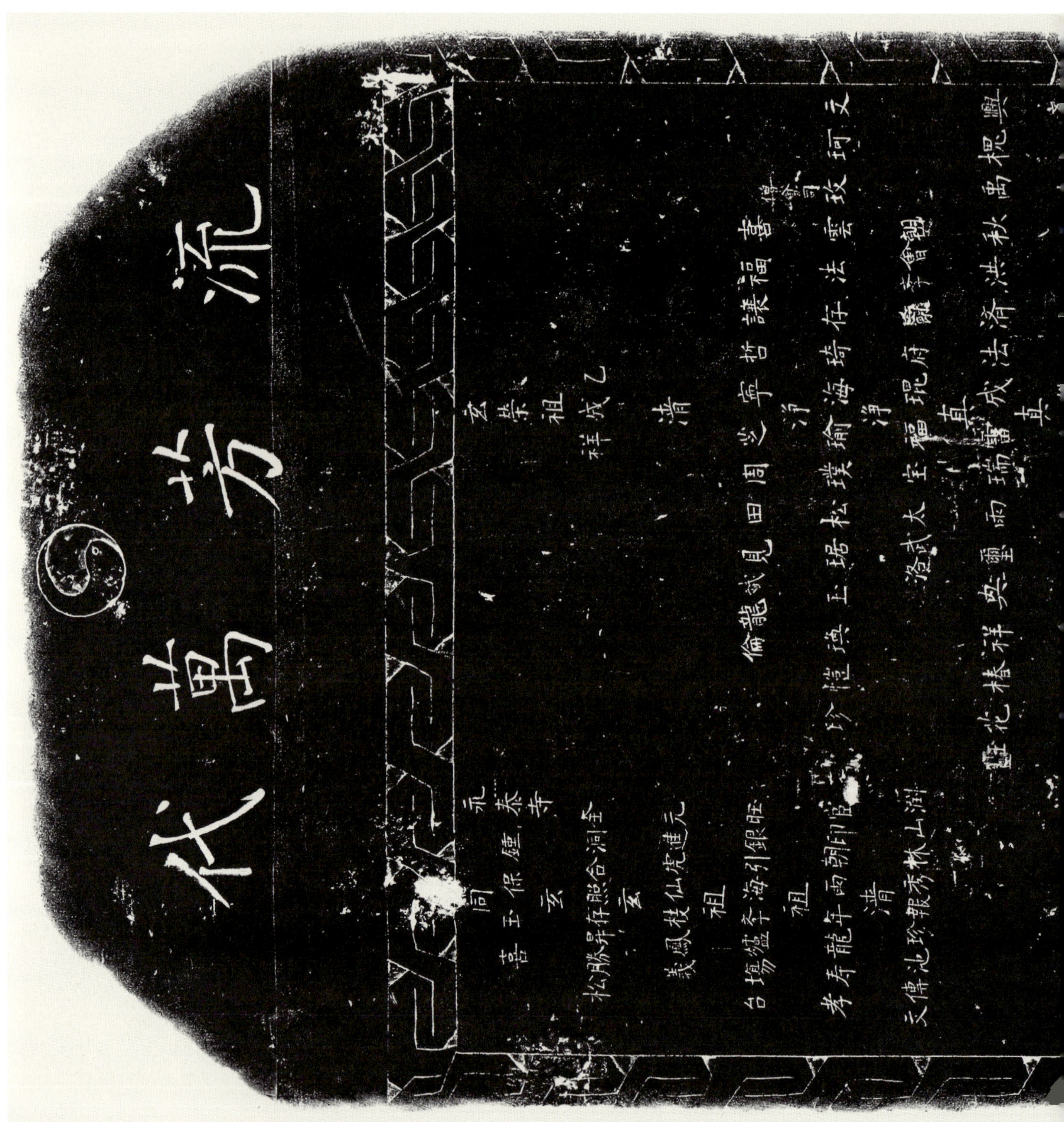

碑阴

清故林公和尚之塔

乾隆二十三年二月

乾隆二十三年十二月吉旦

创建少林寺南退居永化堂僧会司僧会九如禅师祖塔记

和南篆额　张溥功撰　张溥绥书　乾隆二十三年三月

禪祖塔紀

年傳法坐之心五葉啟宗門之緒而佛法盛於中土故少

林皆宗提一代道通八方海宇衲子靡不聞風嚮往履滿戶

外受生於父母釋雖入空門樂淨土無染無著而要其托始

俱淨與[illegible]而登之少林寺僧會司僧會諱超永字九如者

親受為[illegible]書畫晰法律恆御華岱江漢瀟湘無不箬笠

貫花返錫惟以少林寺南退居永化堂爲修真棲靜之區

莫不推彼疑城登之覺路況矣鷲林之宗隱然慈門之星

微其裔孫若淨林輩亦遂龍象冷落衣缽之衣貿然

欽其廓然省悟當亦不可復得之數矣余每當拜掃之期

祖宗支相近太發慈心退出地三畝同余子森料理收籽

獨禪祖墓未薦塔惻然心傷於去冬着六世孫淨林自

慈不意天道茫茫甫月餘而淨林物故一切事理無可倚

免俗即謂在家出家奚不可者爰為之銘曰嵩高少室天

一朝代滅萬緣都空既藏舍利樹之乳峯烟含日月樹含

親少林寺僧會司僧會海岱天峯和南篆額

俗曾孫陰陽學訓術　功撰文　元孫森　督工建塔立石

郡庠增廣生張溥　綏書丹

門　姪曾孫組　雙校刊　七世孫[illegible]

御祭文

□维城书　乾隆二十五年正月

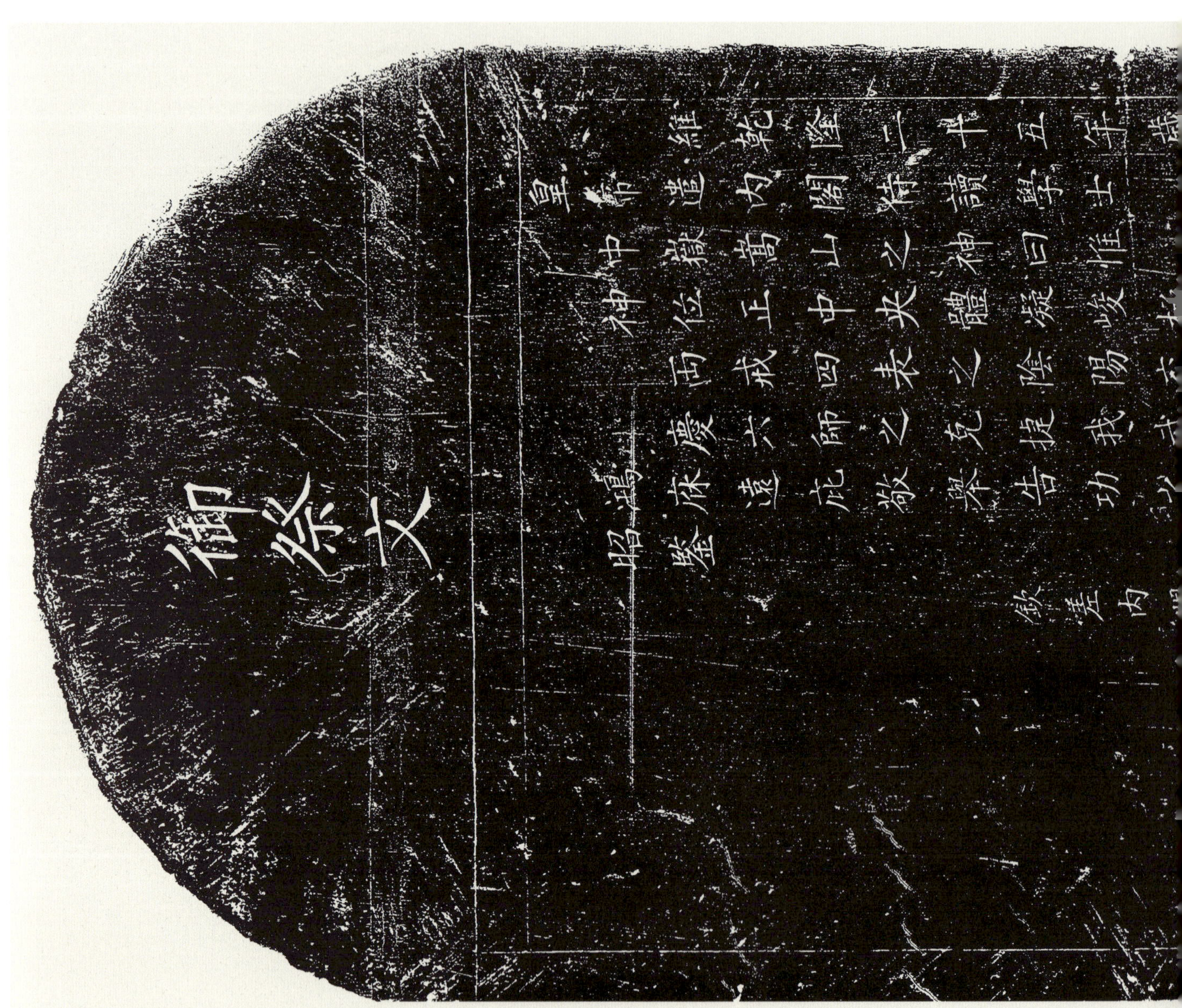

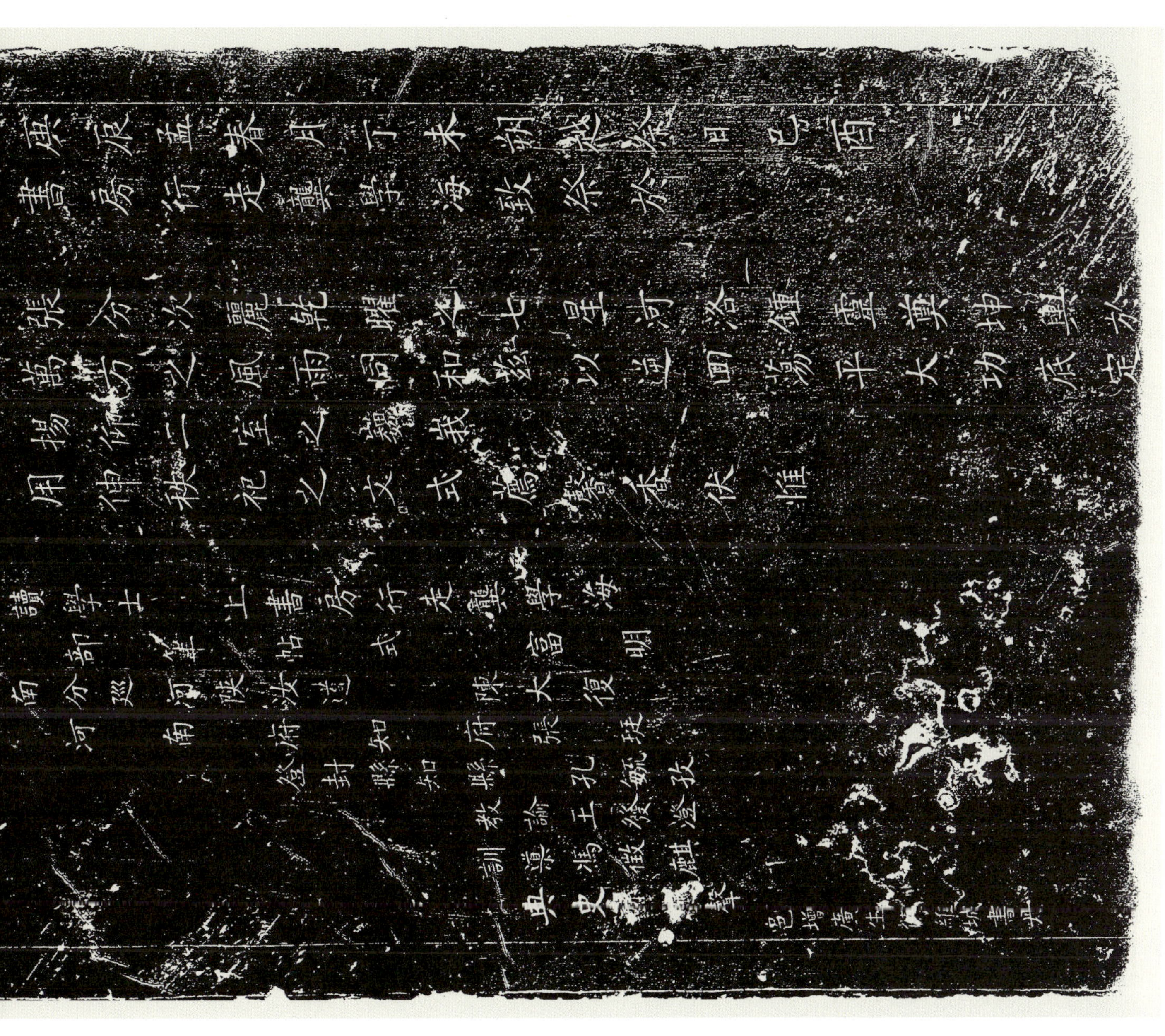

敕建杨桥河神祠碑记

乾隆撰并书　乾隆二十六年十一月

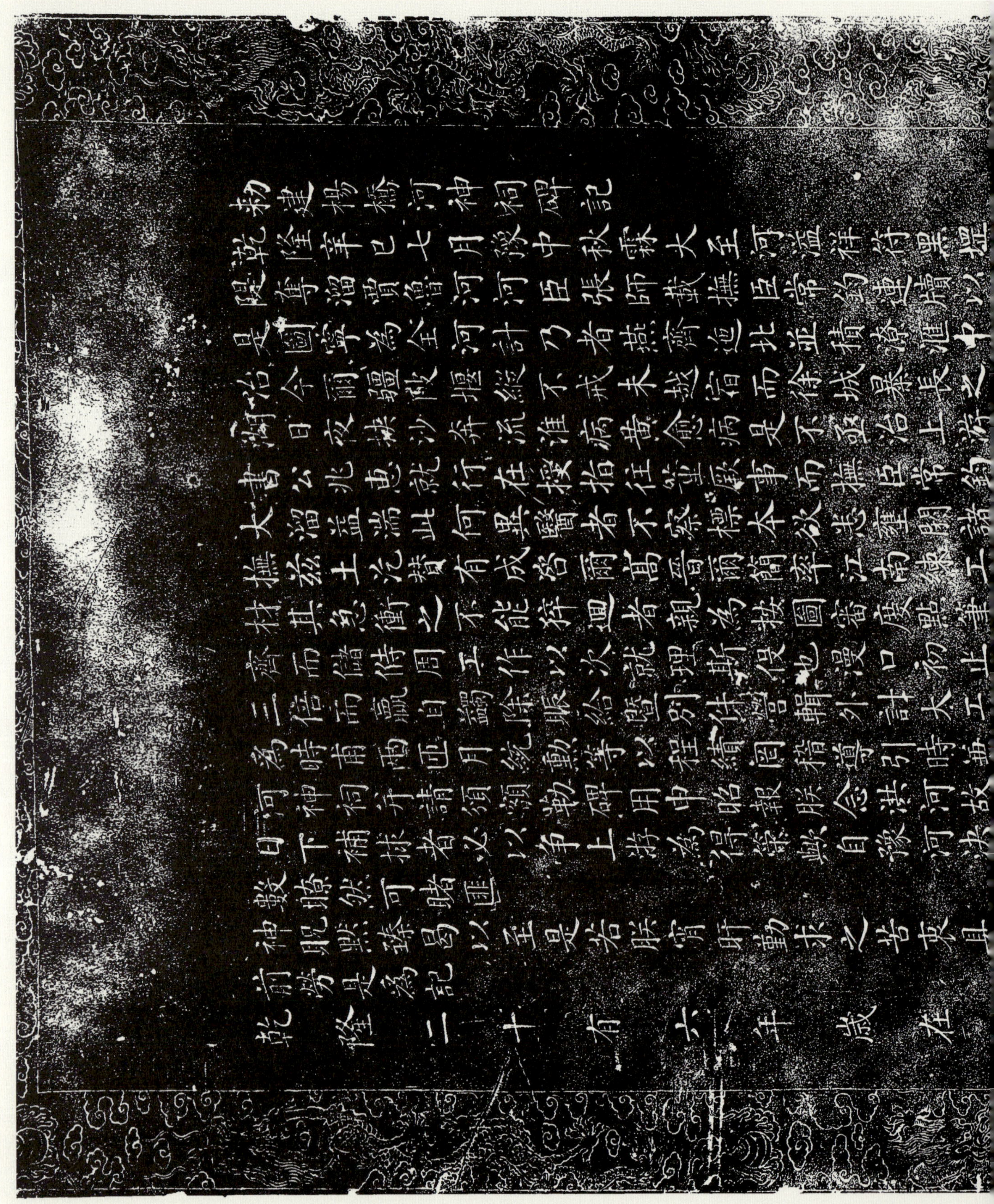

御祭文

刘浩书　乾隆二十七年正月

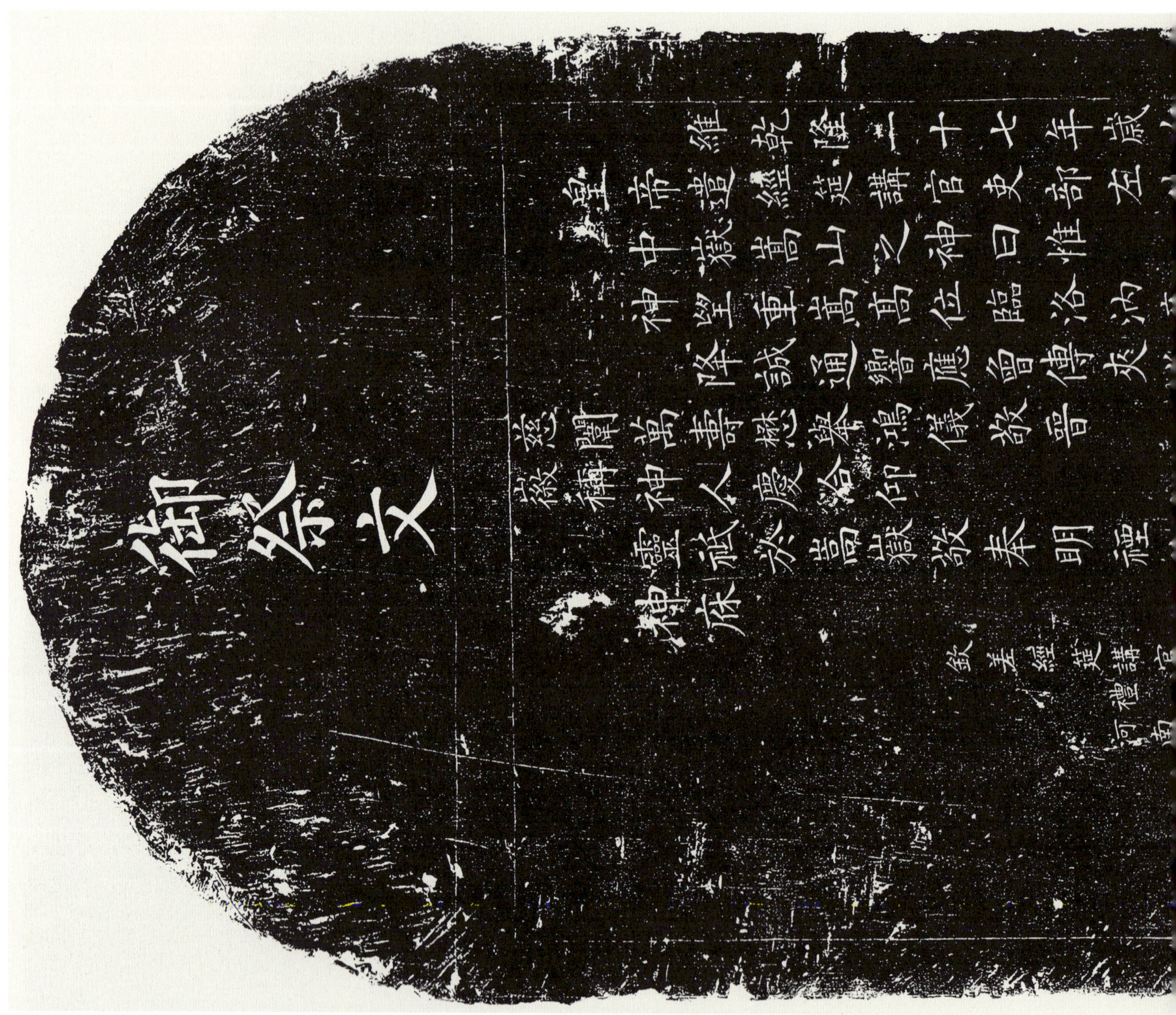

乔氏祠堂记

张龙甲撰　王翊书　乾隆三十五年十月

过少林寺瞻仰初祖面壁石敬题一偈

何焆并书　乾隆三十七年

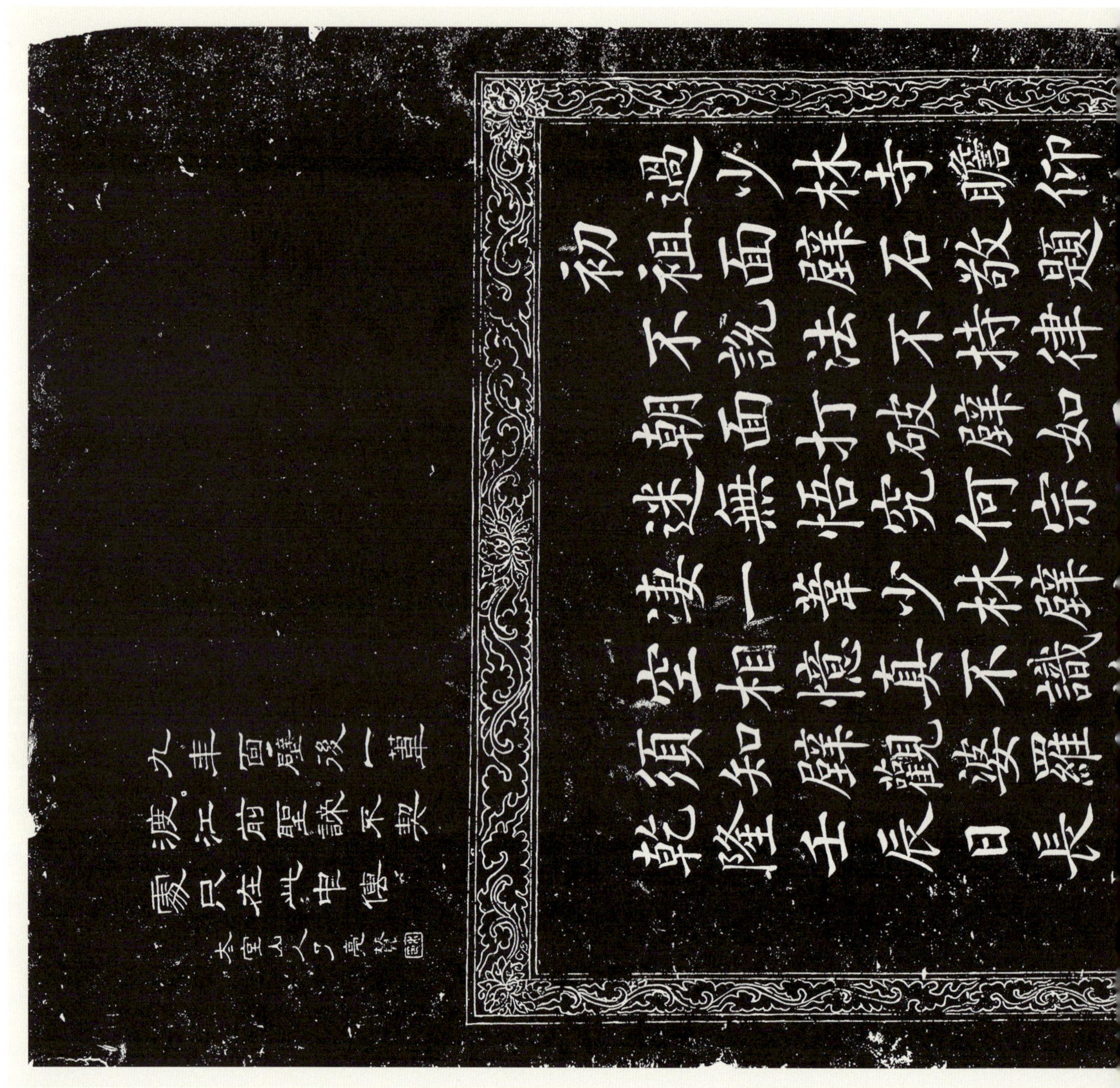

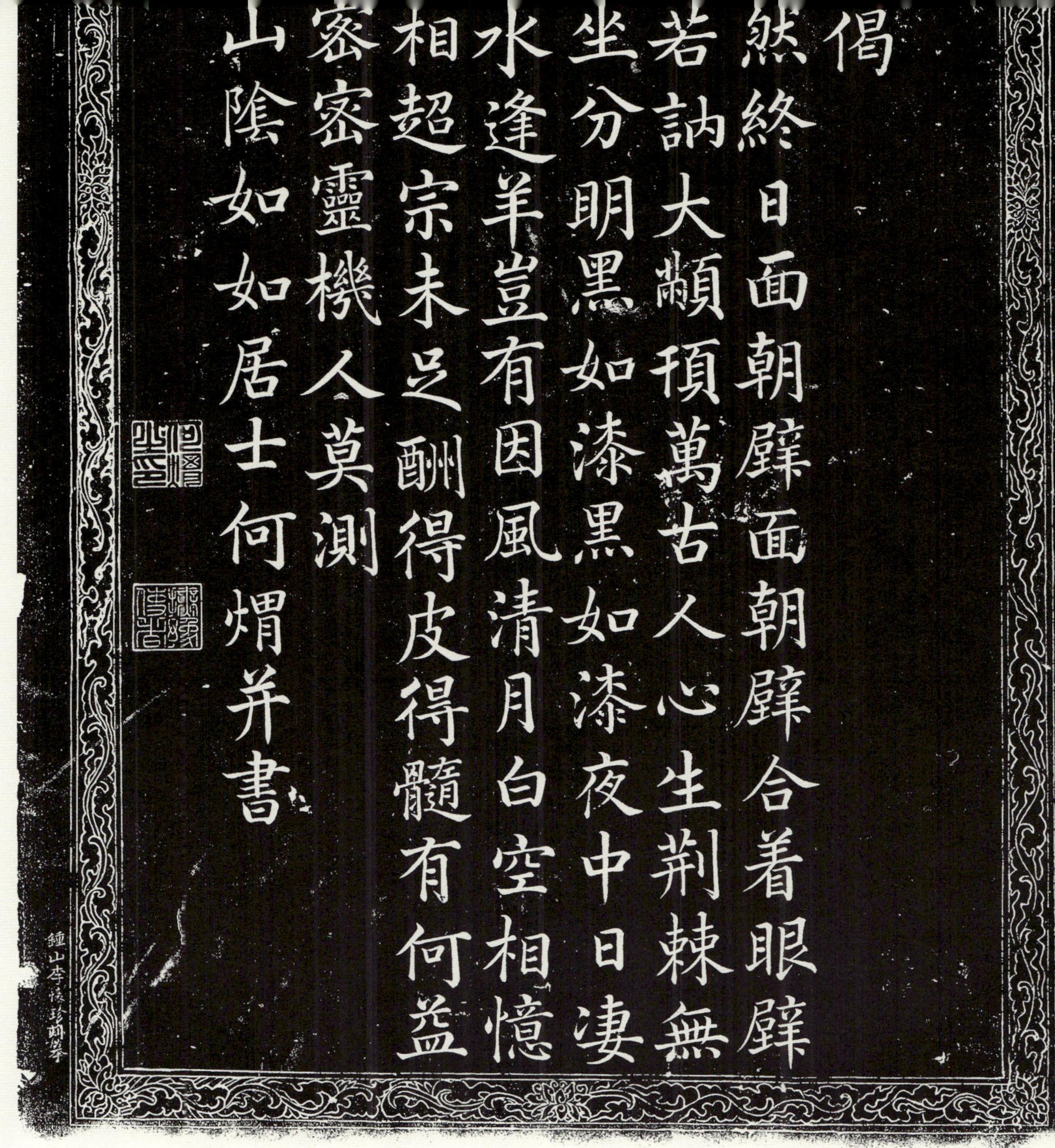

偈
然終日面朝壁面朝壁合着眼壁
若訥大顢頇萬古人心生荊棘無
坐分明黑如漆黑如漆夜中日淒
水逢羊豈有因風清月白空相憶
相超宗未足酬得皮得髓有何益
寥寥靈機人莫測
山陰如如居士何熠并書

御祭文

傅联登书　乾隆四十一年七月

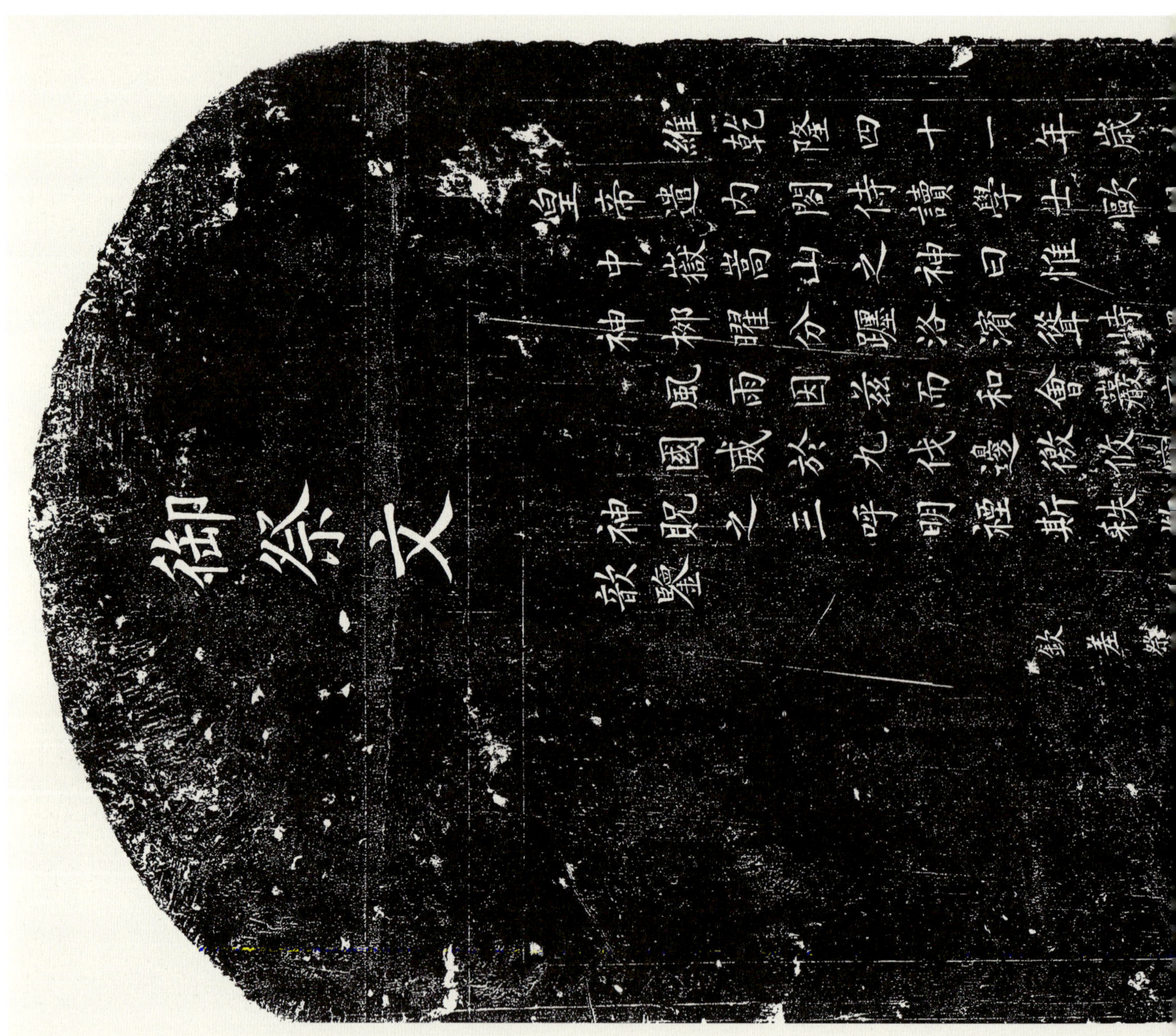

□申七月庚午朔越十一日庚辰

理致祭於

維翊拱乘土德而居尊峻極比隆宅中天而作鎮

並顯其靈奇兹以兩金川小醜剷平大功底定張

展欽柴之典慶申昭告之文薦此馨香伏惟

內閣侍讀學士歐陽瑾

捧香帛太常寺筆帖式達桑阿

陪祭官河南府知府加三級隨帶加一級紀錄八次施誠

登封縣知縣□友伋

教諭兼署訓導呂履謙

典史□□

增廣生員傅騂岙書丹

重修少林寺千佛殿记

曾友伋撰并书　乾隆四十一年七月

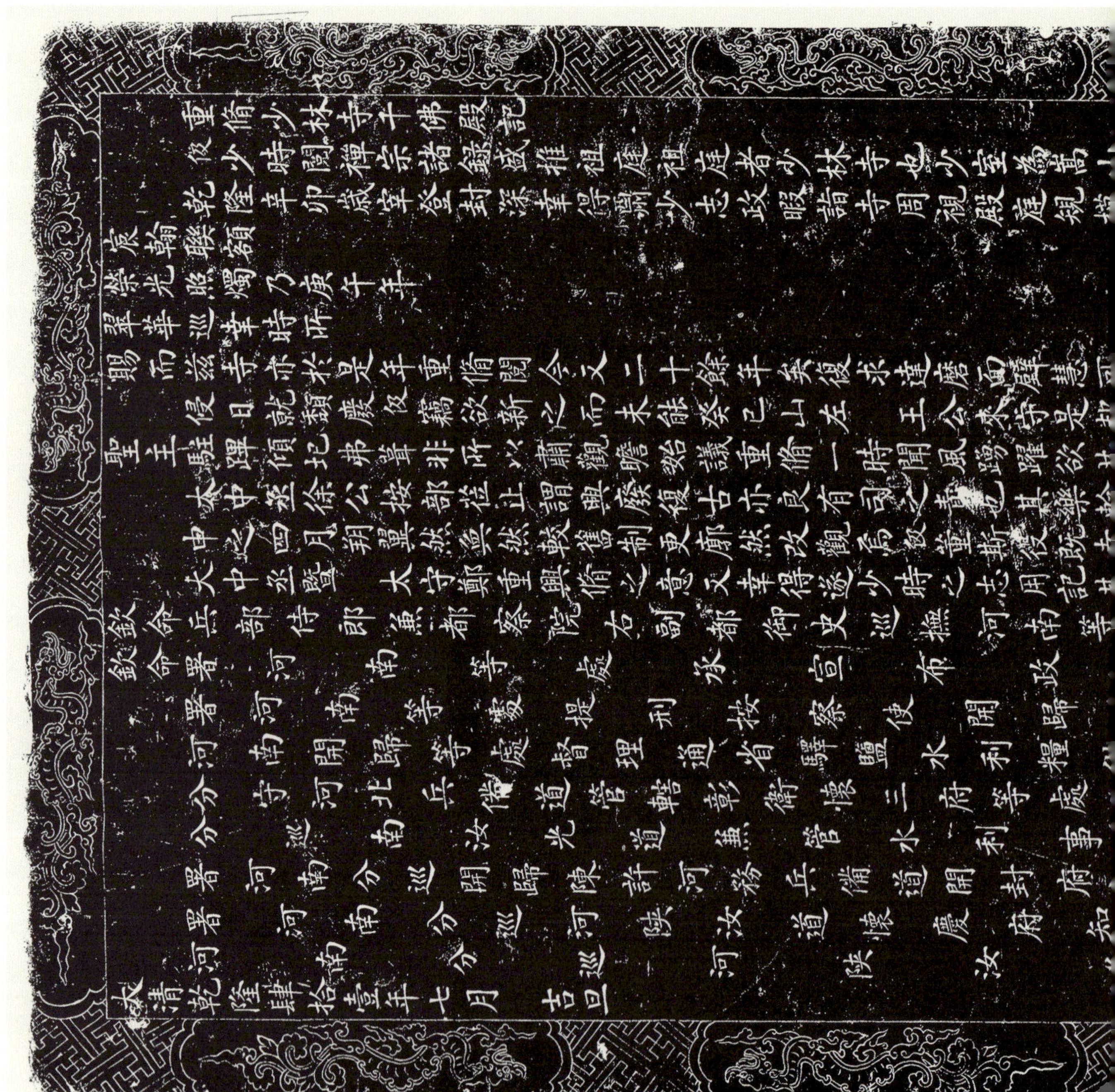

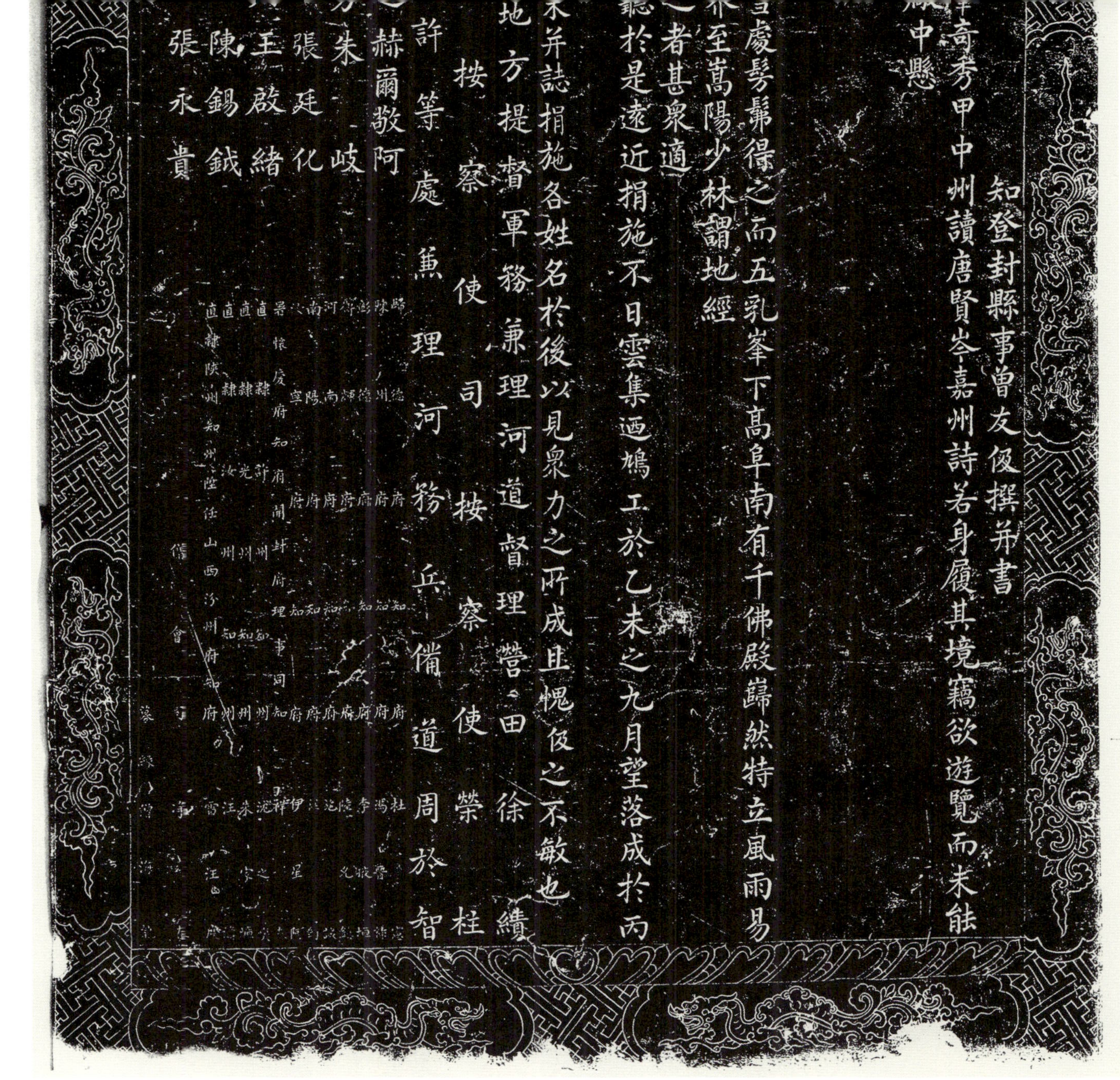

知登封縣事曾友伋撰并書

奇秀甲中州讀唐賢岑嘉州詩若身履其境竊欲遊覽而未能

中懸

慶髣髴得之而五乳峯下高阜南有千佛殿巋然特立風雨易

至嵩陽少林留地經

之者甚衆適

聽於是遠近捐施不日雲集迺鳩工於乙未之九月望落成於丙

并誌捐施各姓名於後以見衆力之所成且愧伋之不敏也

地方提督軍務兼理河道督理營田徐績

按察使司按察使榮柱

許等處兼理河務兵備道周於智

赫爾敬阿

朱岐

張廷化

王啟緒

陳錫鉞

張永貴

河陕汝道批准苦马头地亩碑

乾隆四十三年九月

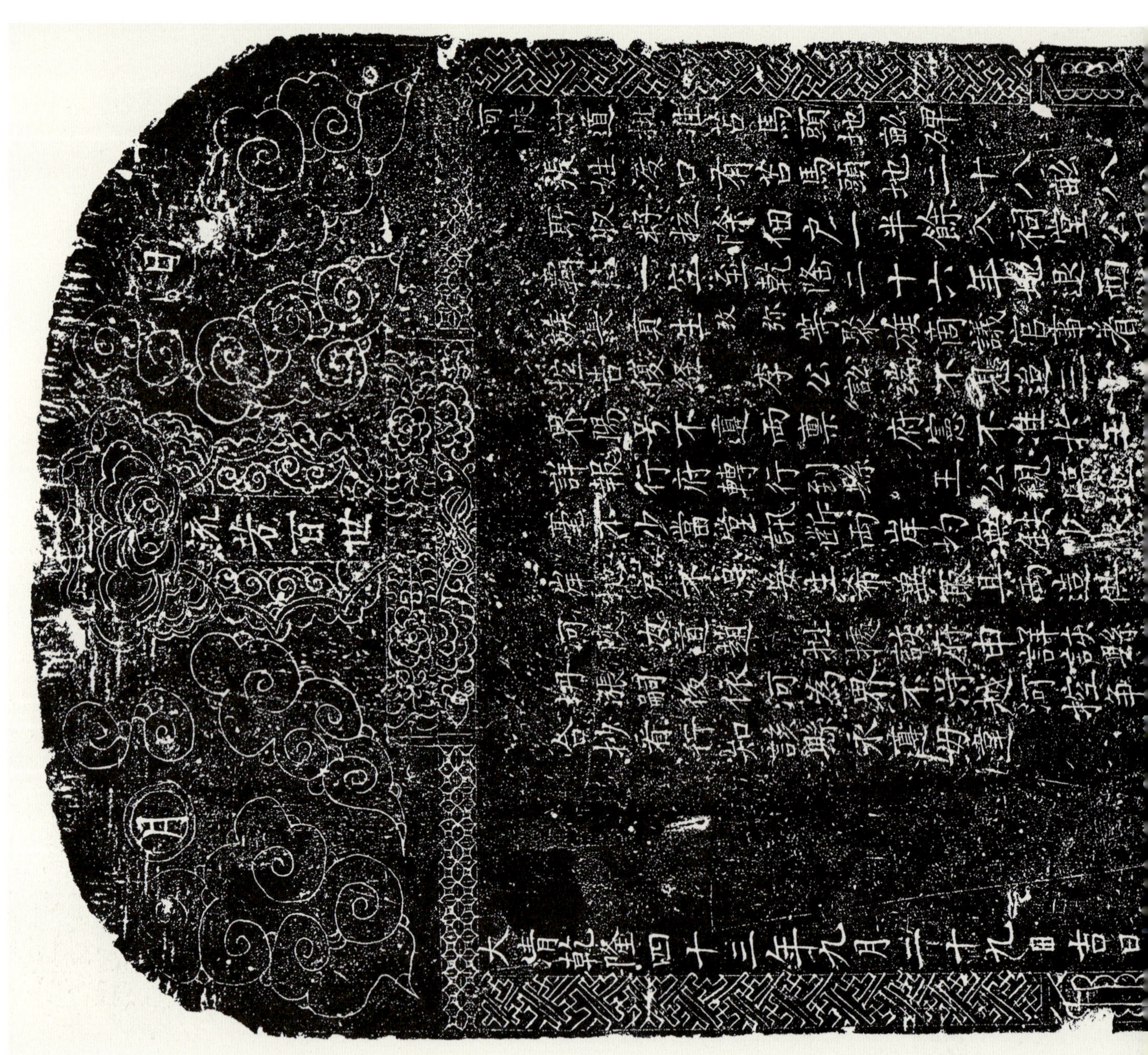

唐杜少陵先生之墓

童钰书　乾隆四十四年春

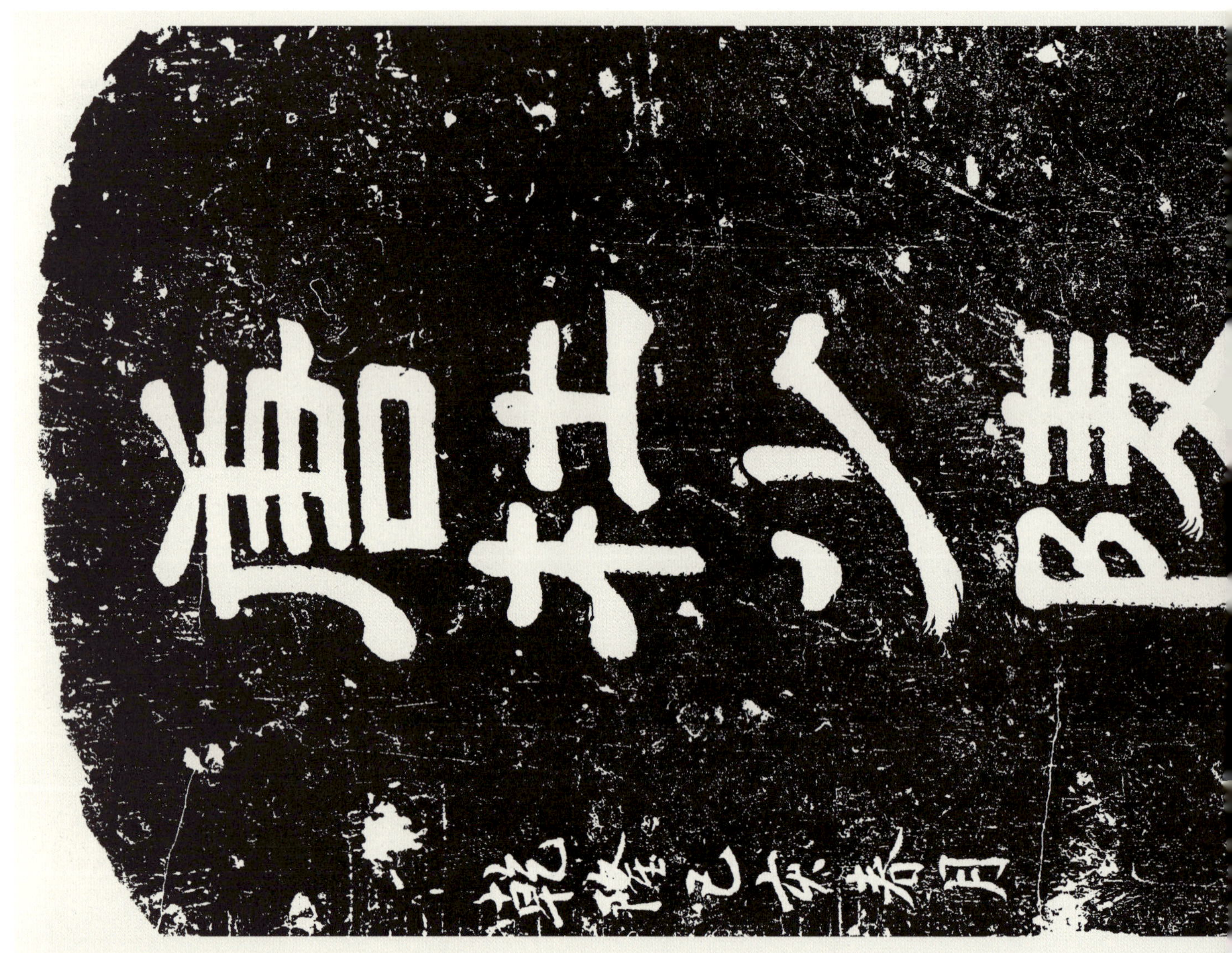

先生之墓
會稽後學童鈺書
知滎澤縣事陳龍章立

建修乐楼碑记

宋学朱撰　宋元超书　乾隆四十五年三月

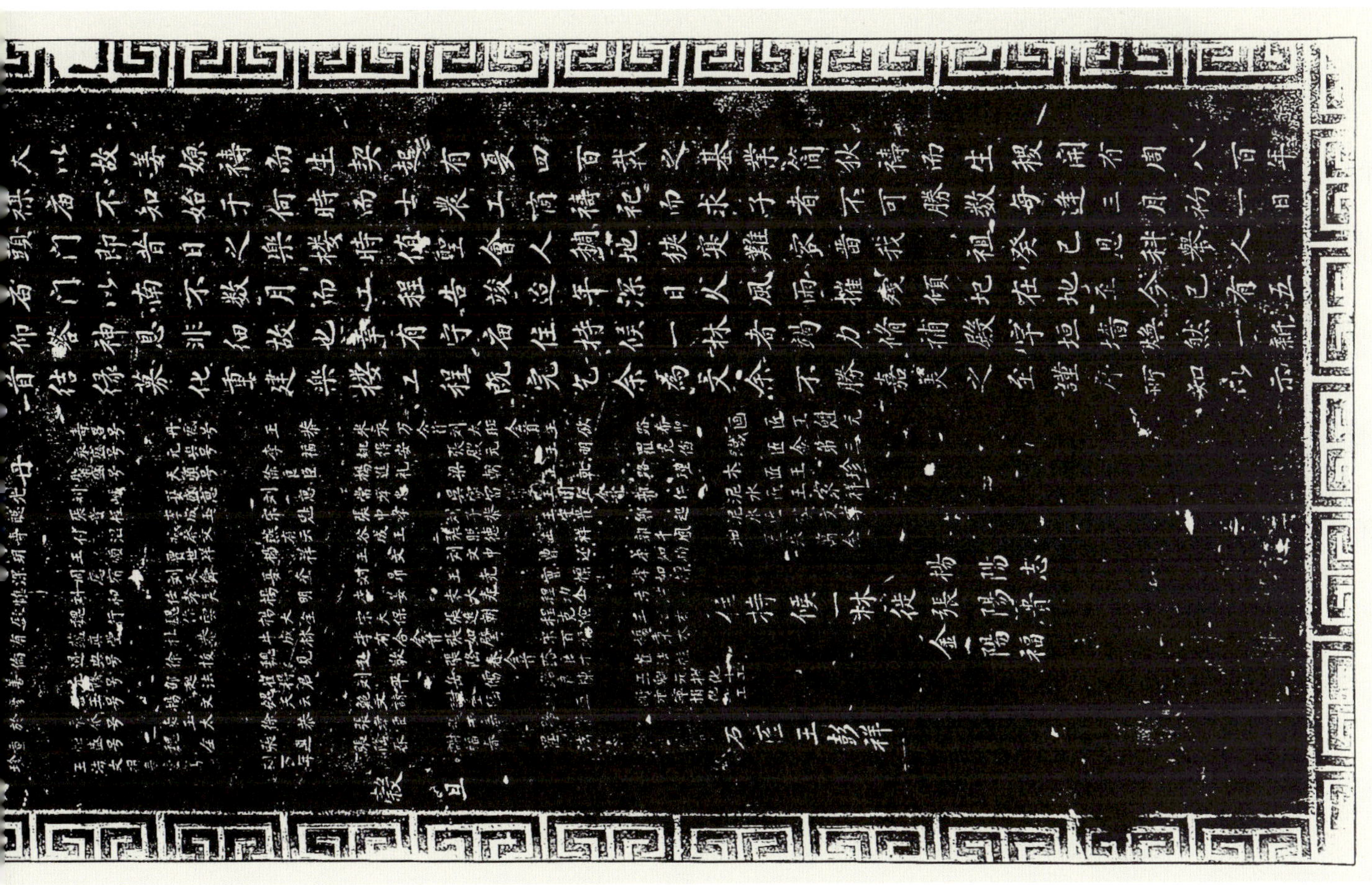

重修玉帝殿记

苏如□撰　王凤池书　乾隆四十七年四月

中岳庙告成，抚臣李世杰请碑记，因叠庚午虔祀诗韵命泐石

乾隆四十八年三月

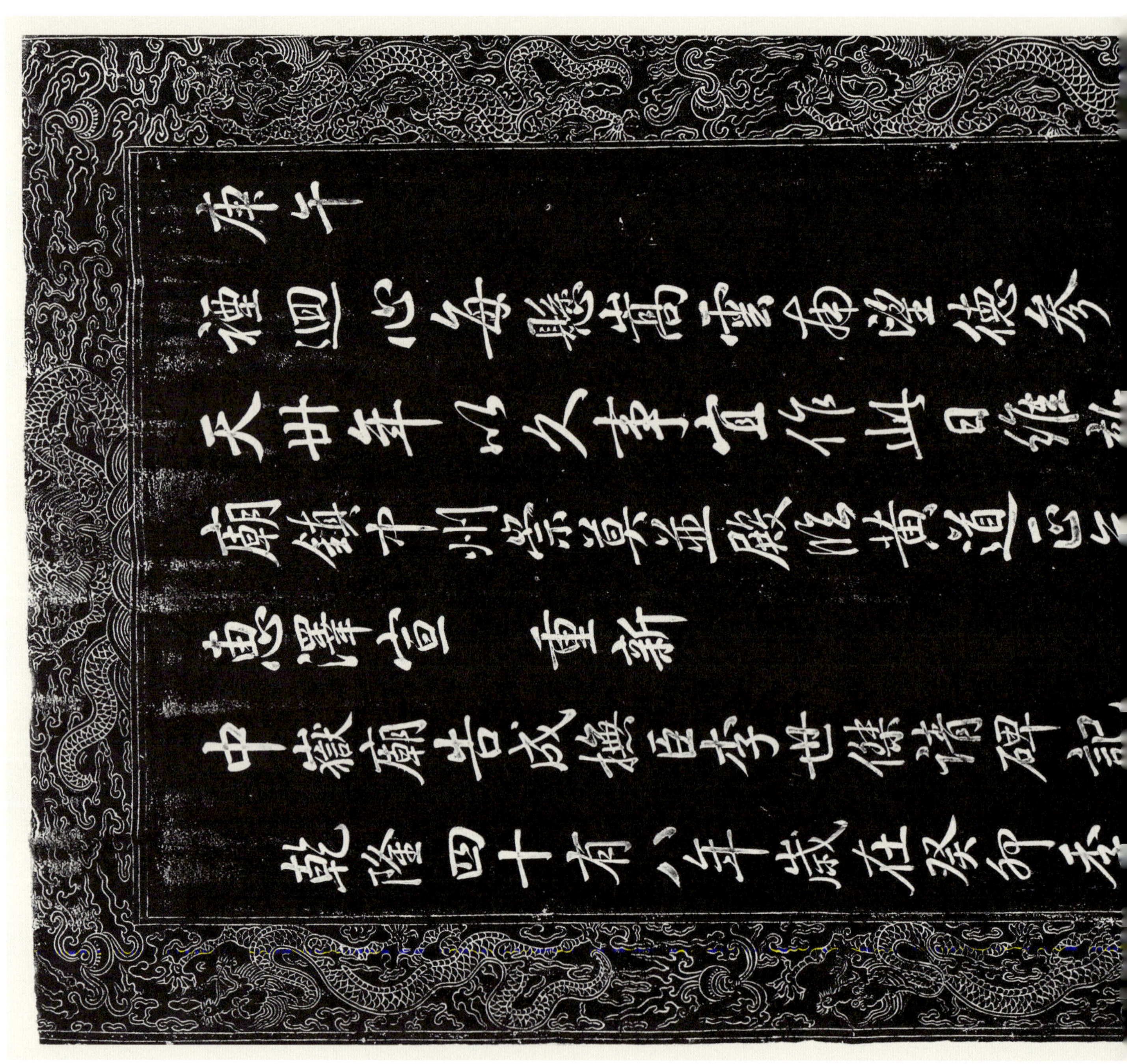

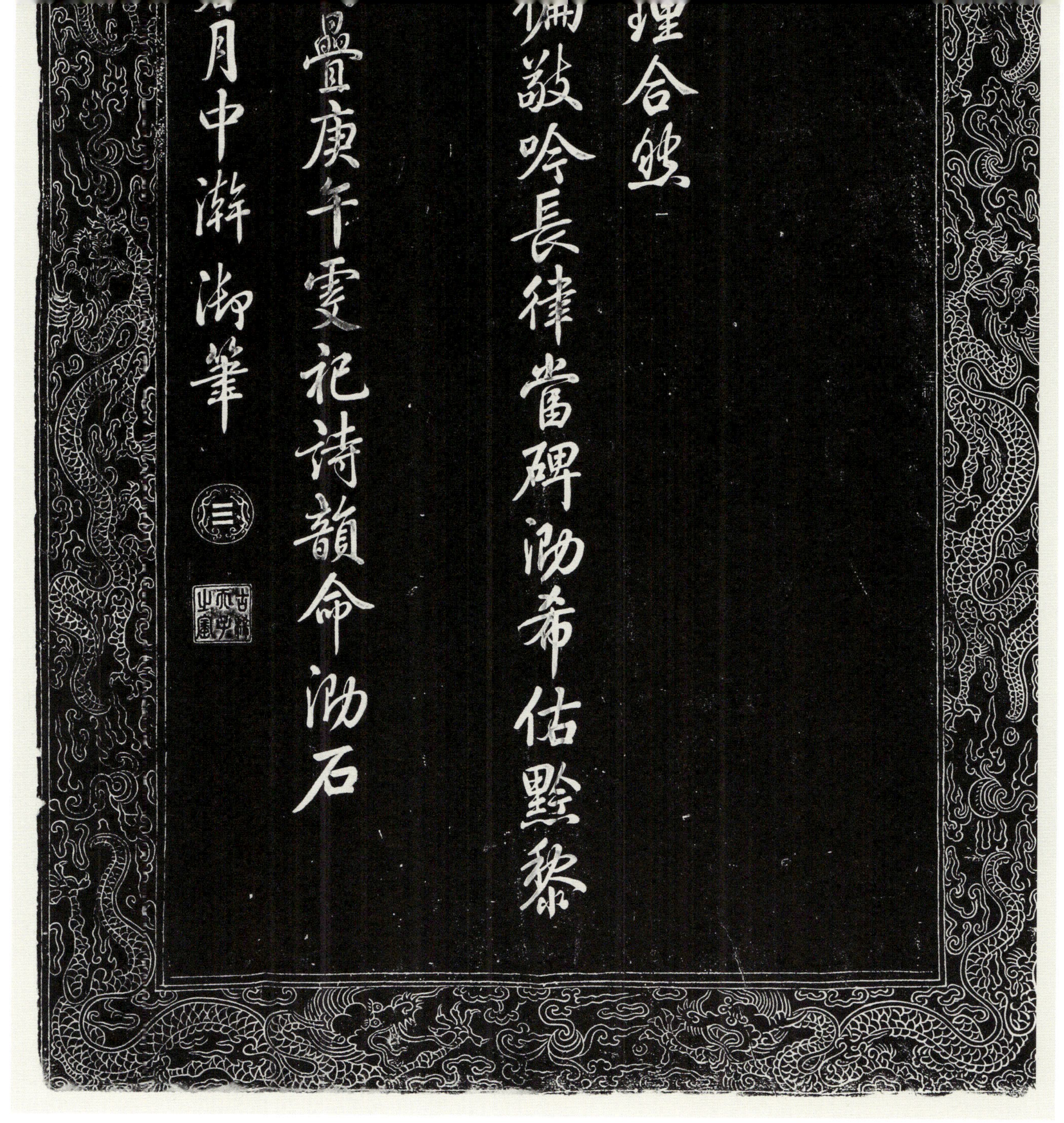
理合然
儞敬吟長律當碑泐希佑黔黎
疊庚午雩祀詩韻命泐石
月中澣御筆

大黄冶乡约

乾隆五十四年五月

巩邑赵家沟、徐柏坡滩地界碑

常曰五撰　杨际唐书　嘉庆元年六月

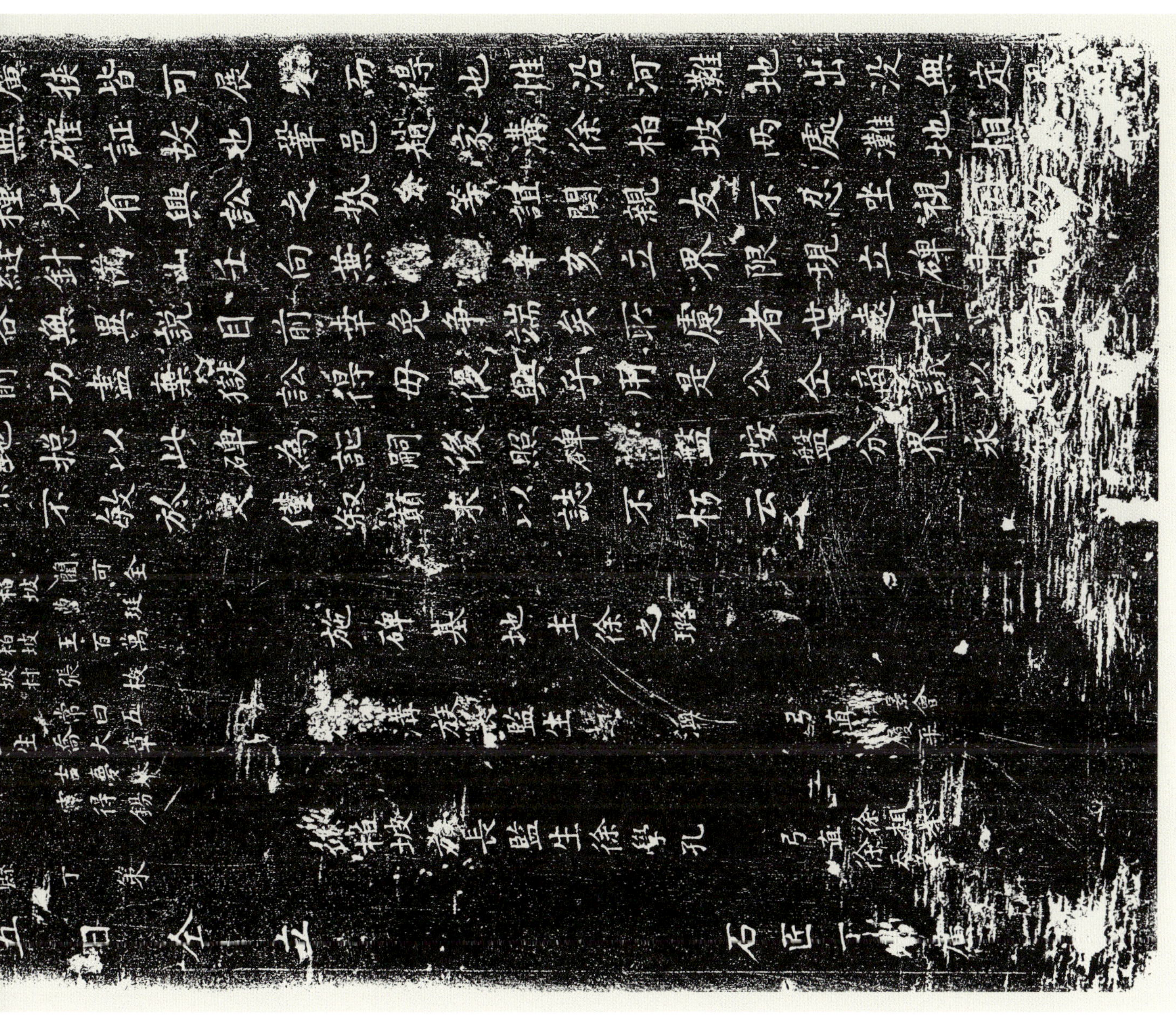

御祭文

谢特赐书　嘉庆四年十一月

咏斋前夹竹桃八首

梁道奂撰　嘉庆六年四月

咏齋前夾竹桃八首

露井花開濕未乾撚脂點入碧琅玕乍驚絶艷嬌

春卉郤艳貞心耐歲寒堦藥香多輸峻潔園林風

細報平安年年每到成蹊處手撫檀欒仔細看

嬋娟綠影舞雕闌忽靚枝頭結蕊繁雨細欲無湘

女淚愁多難共息嫣言駐顔那得尋丹藥惜玉還

須樹錦旛太息問津人正少閒階幾度怨黃昏

佳人笑靨許開遲翠袖天寒獨倚時骨幹生來原

自直風華掩映更相宜亭亭影落江南渡灼灼光

連渭水漪寄語樊川狂杜牧尋芳莫待對空枝

紅稀翠暗傍邃廬人到花前俗已除艷吐春殘憐

命薄影從月下識心虛梅叢綠[illegible]休相妒杏苑青

枝恐不如好置金鈴防鳥啄芳馨留伴子雲居

古槐行

梁道奂　嘉庆六年十月

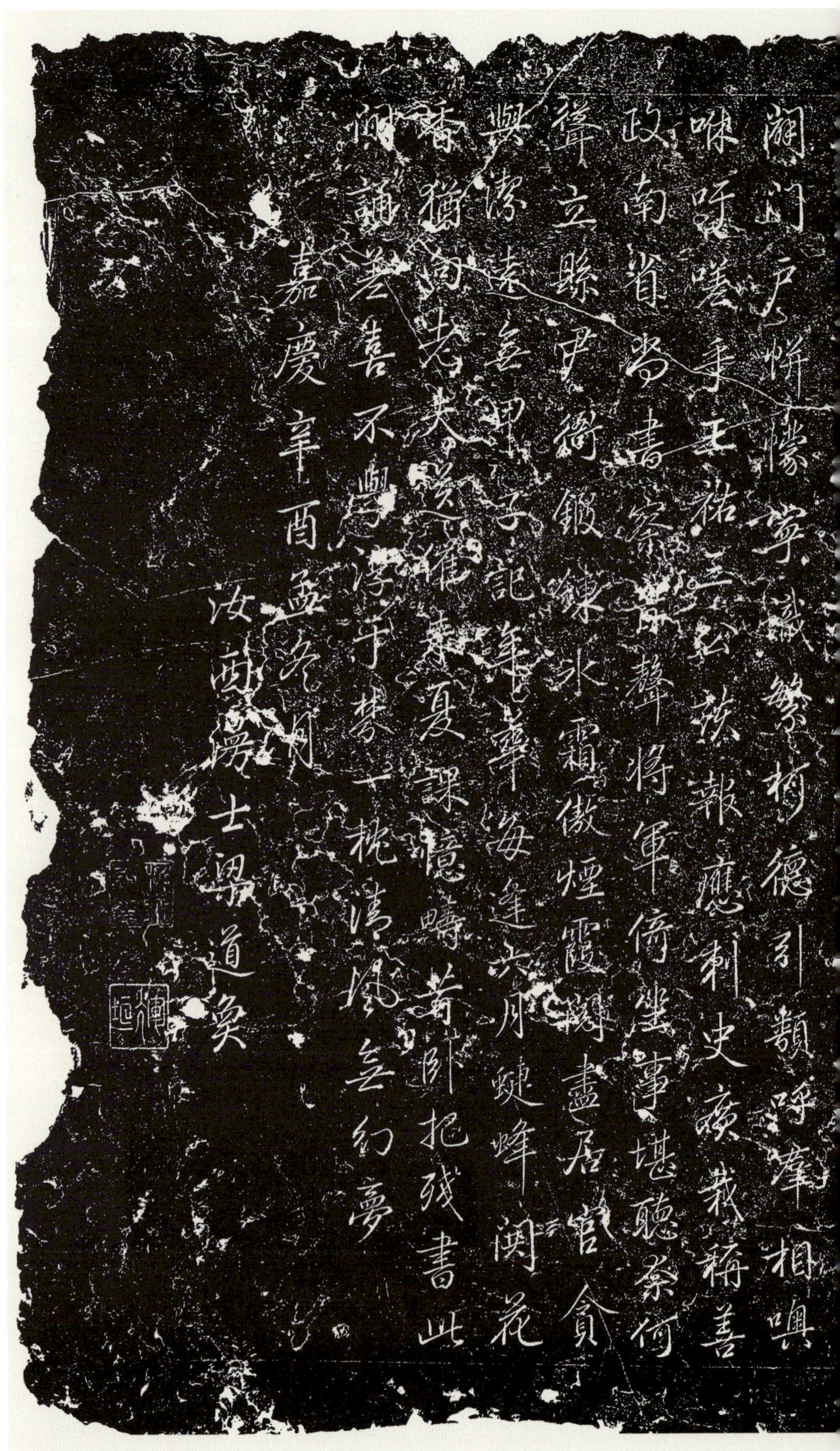

古槐行

吾聞遂園之叟紀大椿壽誇八千秋與春植物豈識尊生法使我心遊目想望輪囷軒轅城在葵山麓坡國從來多喬木荒郊綠楊雜棗梨不見黛色參天矗深閟官署有古槐蟠根錯節何年栽大腹中空總玲瓏鼓火烟經雷與雪鐵鉾不死枝重茂三千尺高形崔嵬匠石鮮顧斧斤免置身知處材不材晚送夕陽影迎早旭綠陰遮滿鄰家屋上有將子之窩鳥乳哺鷇鄰邑[illegible]絕下有營穴之螻蟻紛紛

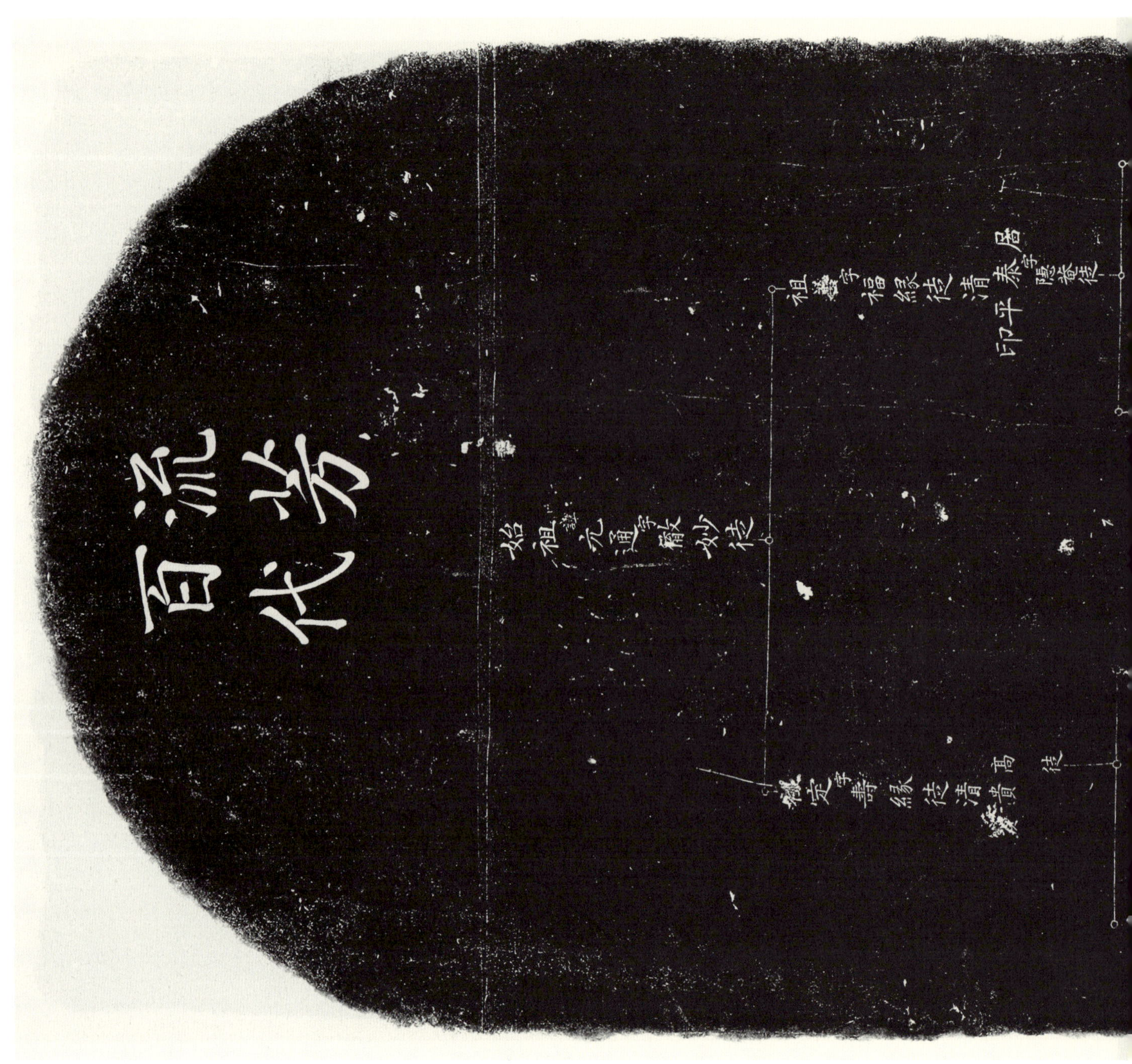

碑阴

敕赐祖庭少林释氏源流五家宗派世谱

灜春录并书额　嘉庆七年四月

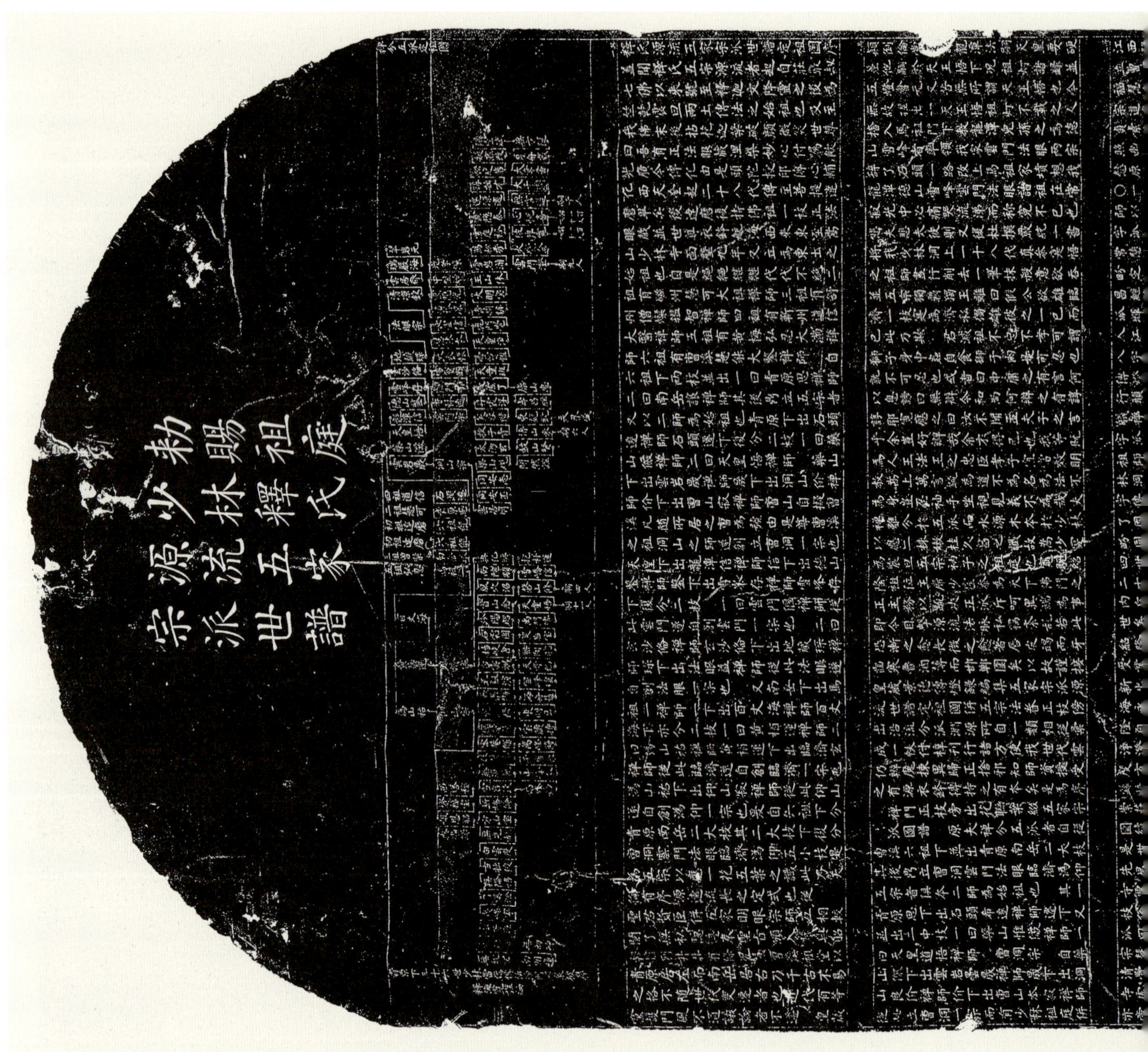

流芳碑銘

庄严圆寂老祖灵山会公和尚之塔

嘉庆八年

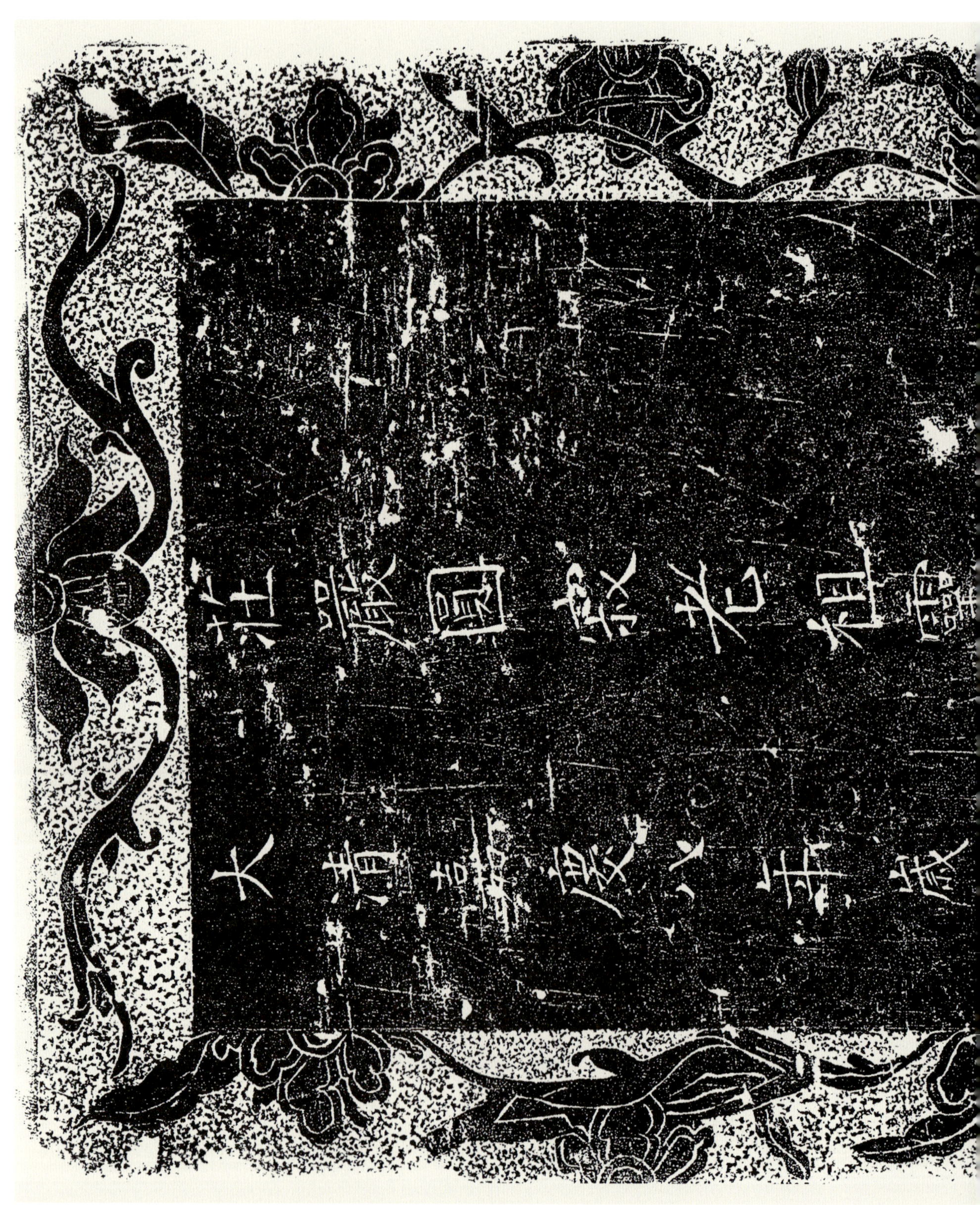

御祭文

谢特赐书　嘉庆九年三月

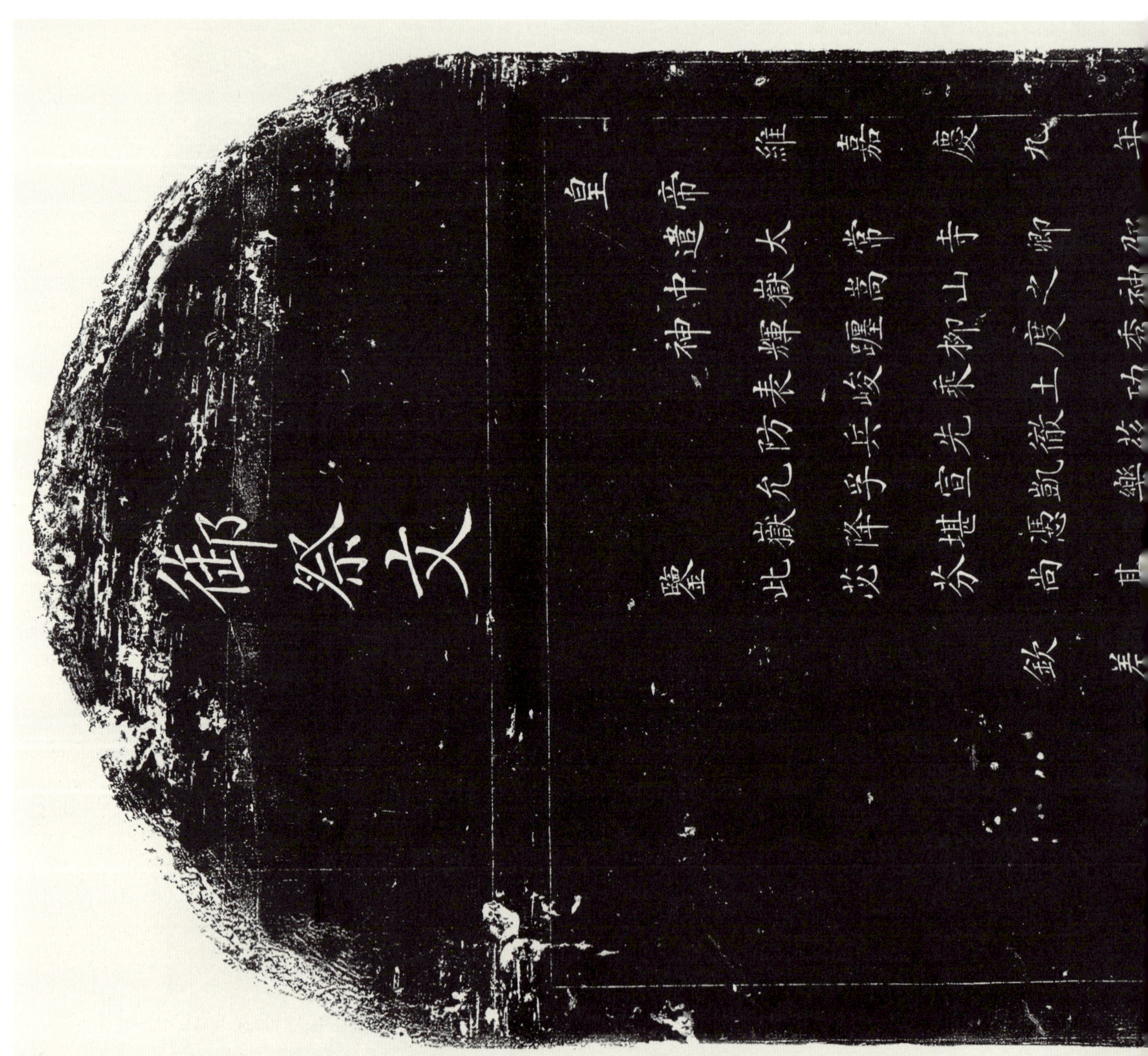

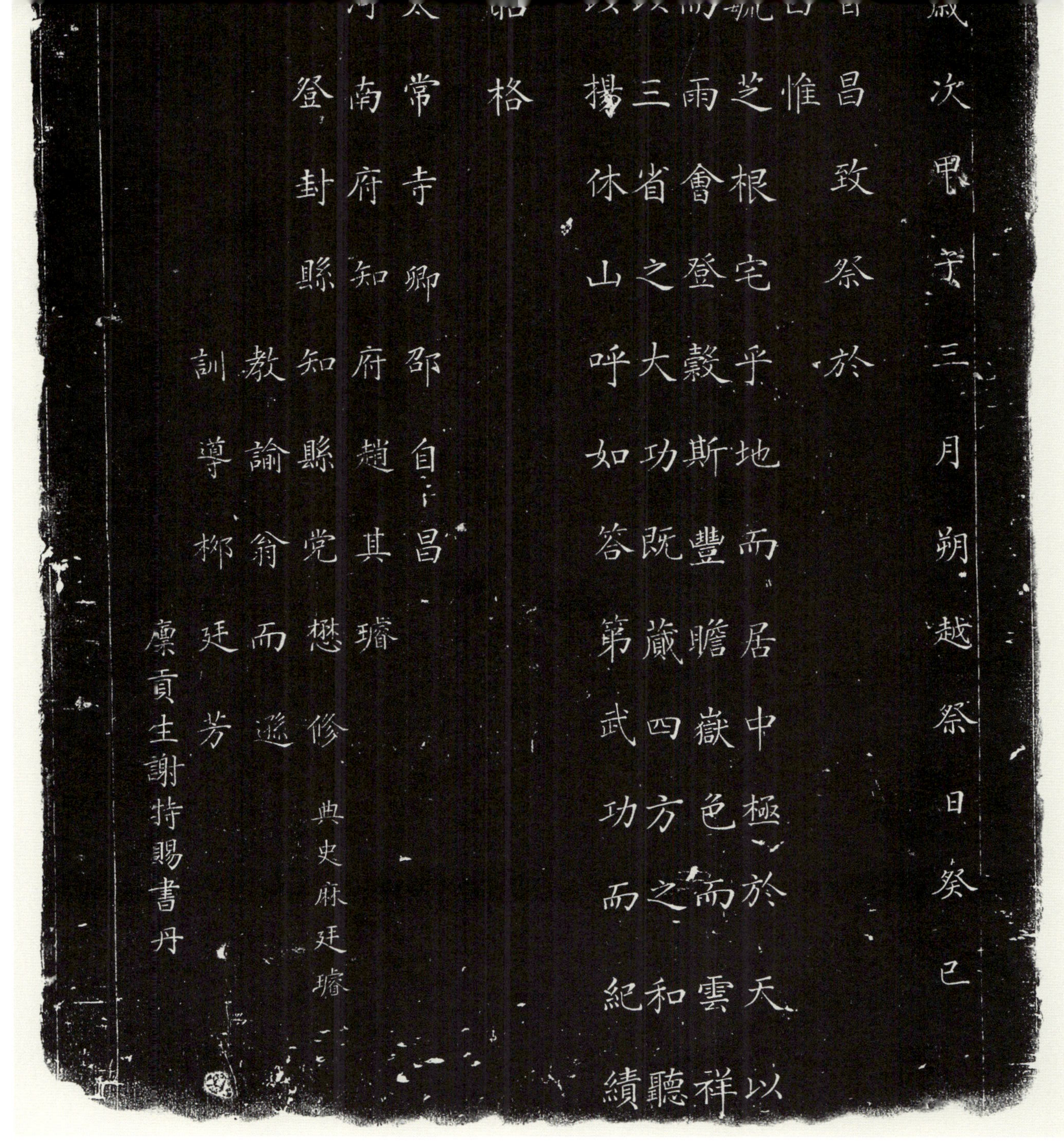

歲次甲子三月朔越祭日癸巳

昌致祭於

惟

芝根宅乎地而居中極於天以

雨會登穀斯豐瞻嶽色而雲祥

三省之大功既蕆四方之和聽

揚休山呼如答第武功而紀績

格

太常寺卿邵自昌

河南府知府趙其璿

登封縣知縣党懋修

典史麻廷璿

教諭翁而遜

訓導郗廷芳

稟貢生謝持賜書丹

御祭文

嘉庆十四年三月

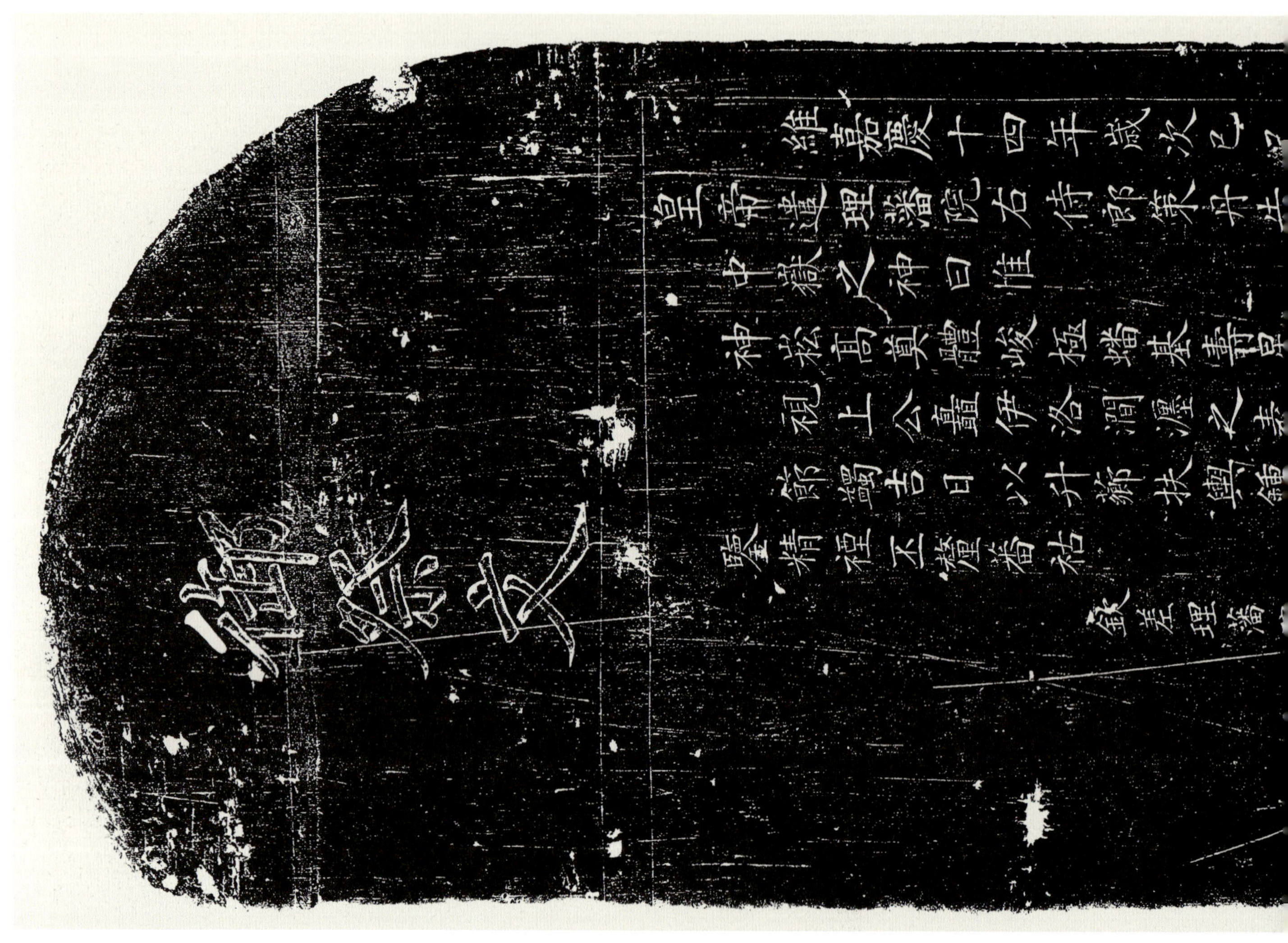

禁约告示

嘉庆二十年五月

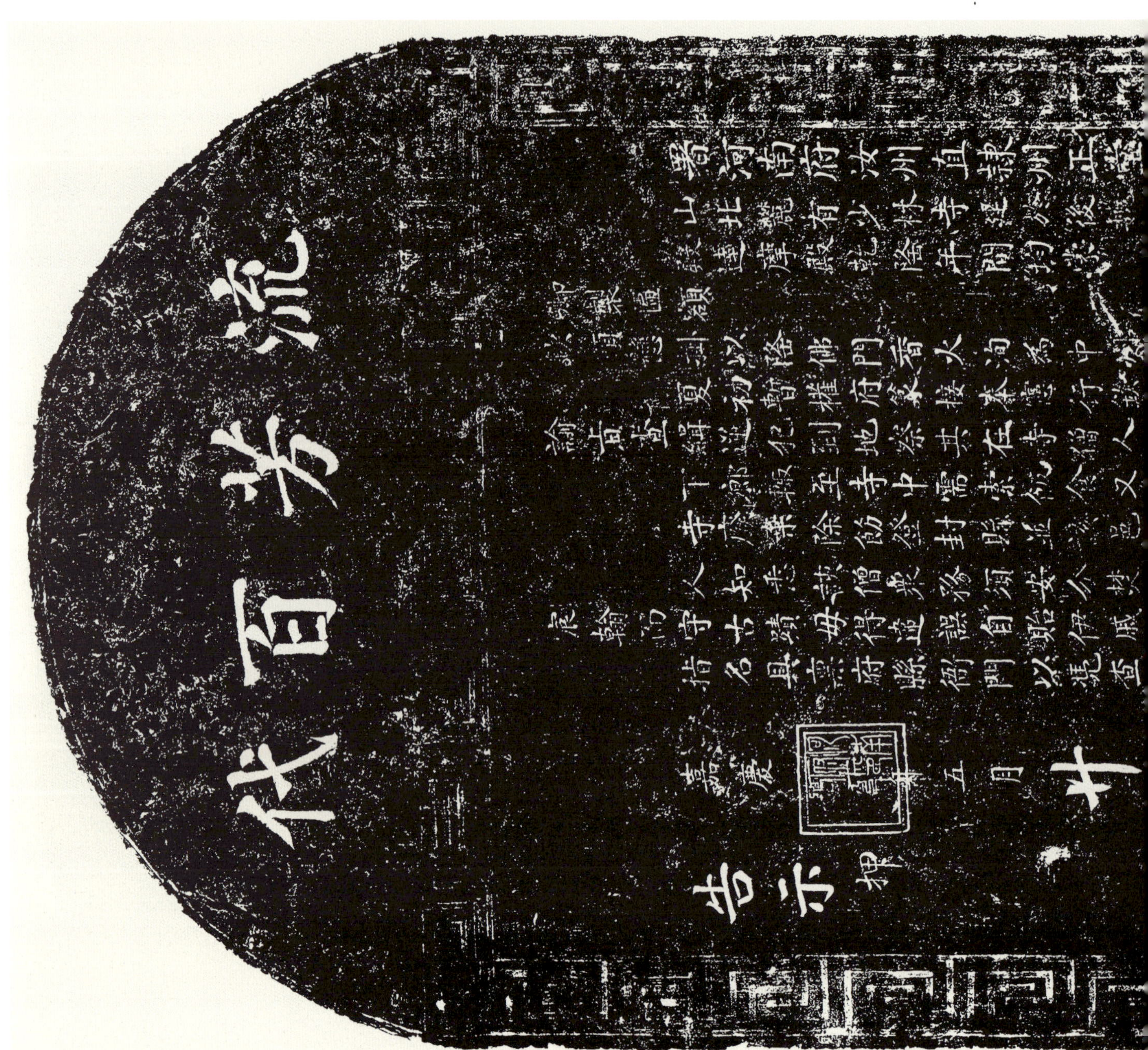

张岭镇重妆观世音大士、薄姬圣母、花仙圣母神像碑

王秀江撰　张遂升书　嘉庆二十四年闰四月

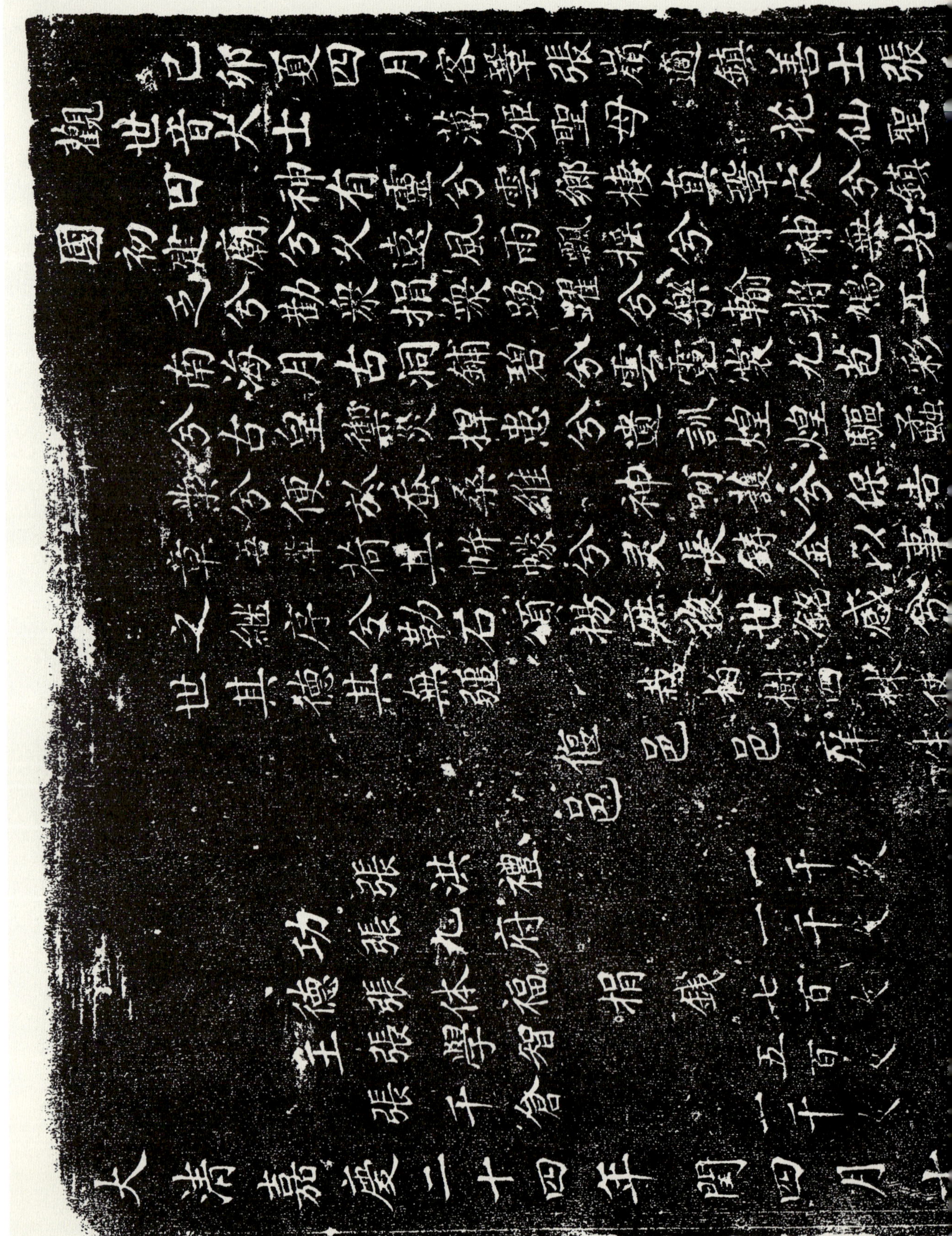

御祭文

谢特赐书　嘉庆二十五年 十一月

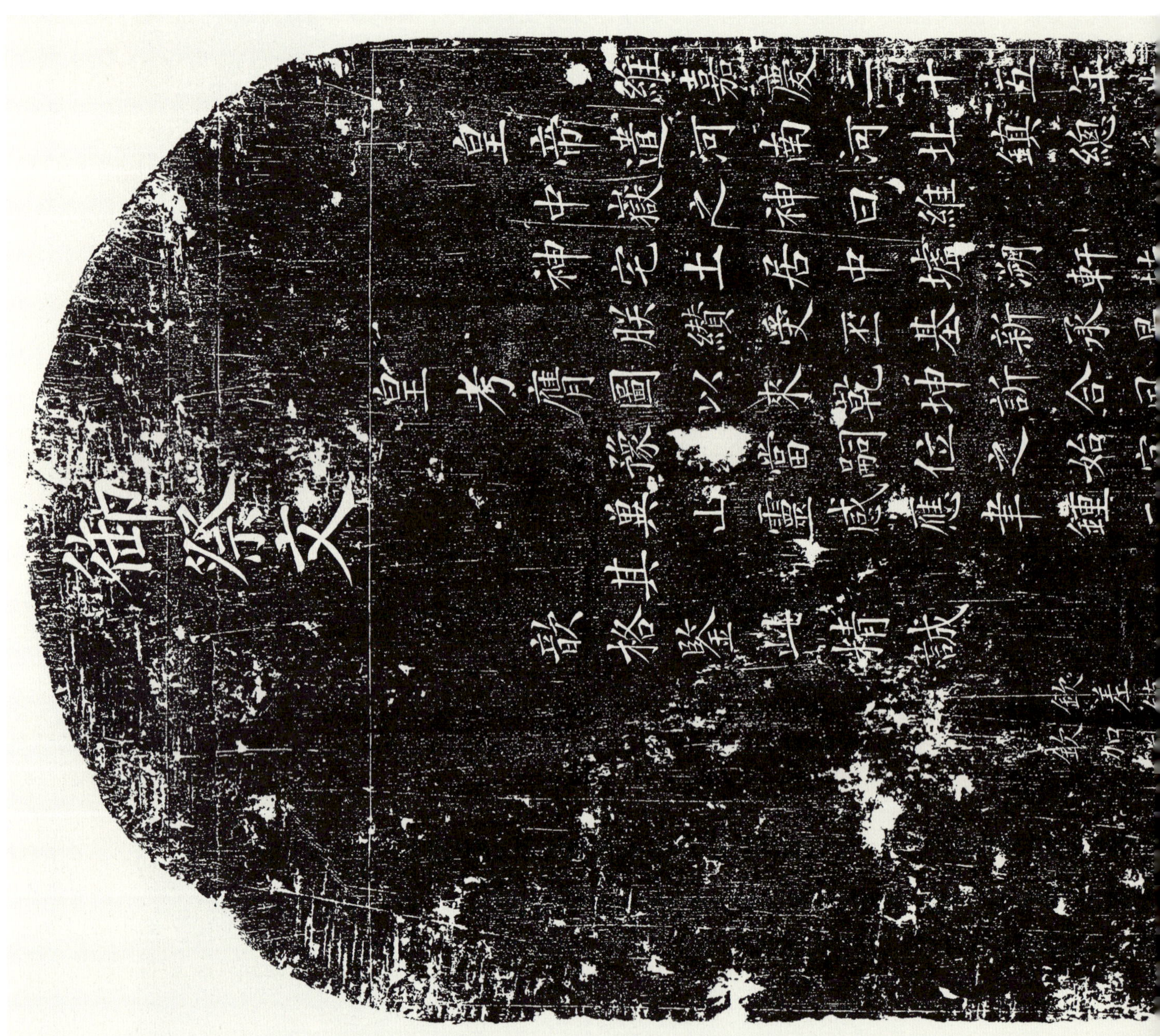

御祭文

谢特赐书　道光元年八月

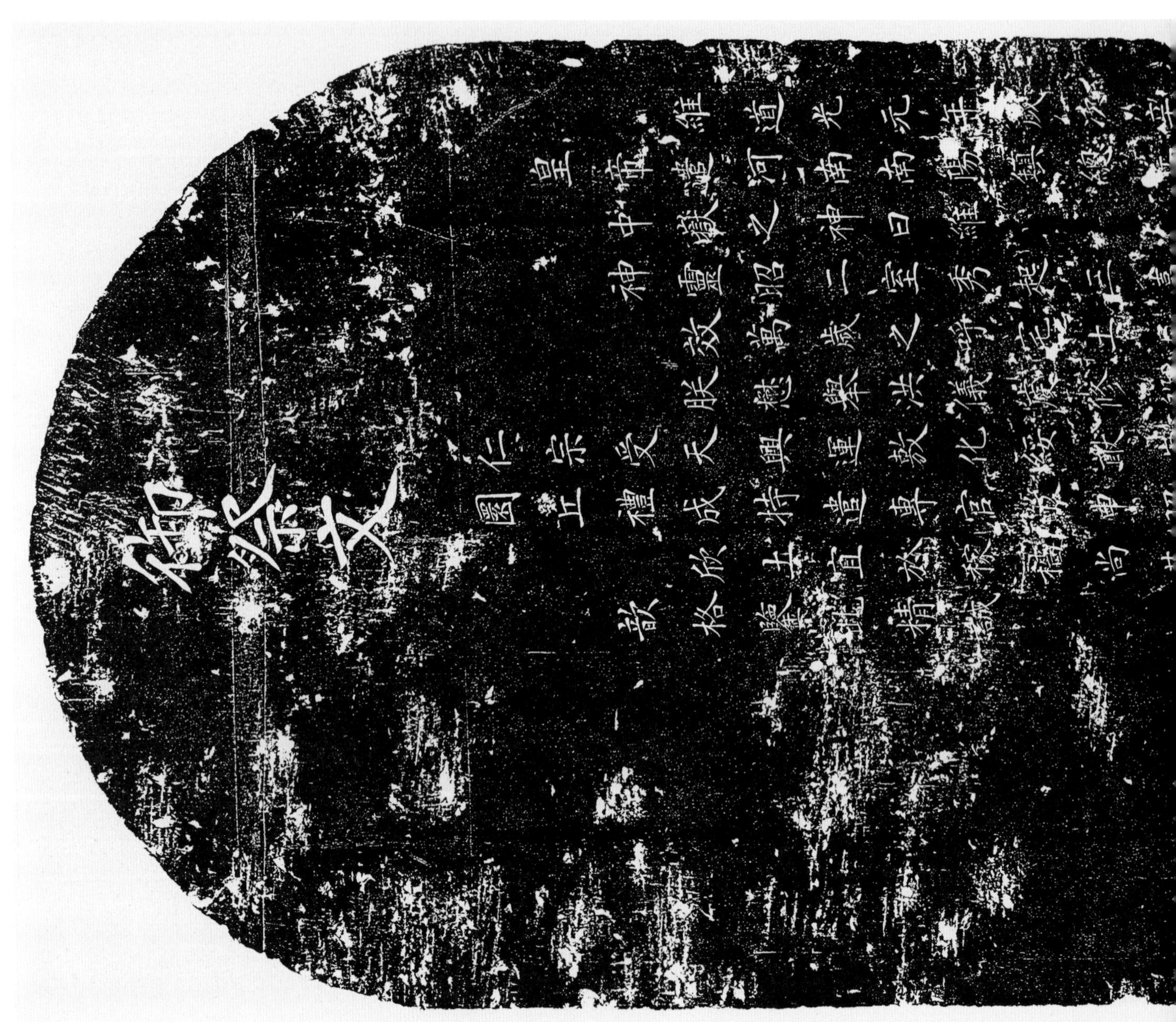

重修新郑县文庙碑记

张德聚撰　高载铭书　刘圣桓篆额　道光二年六月

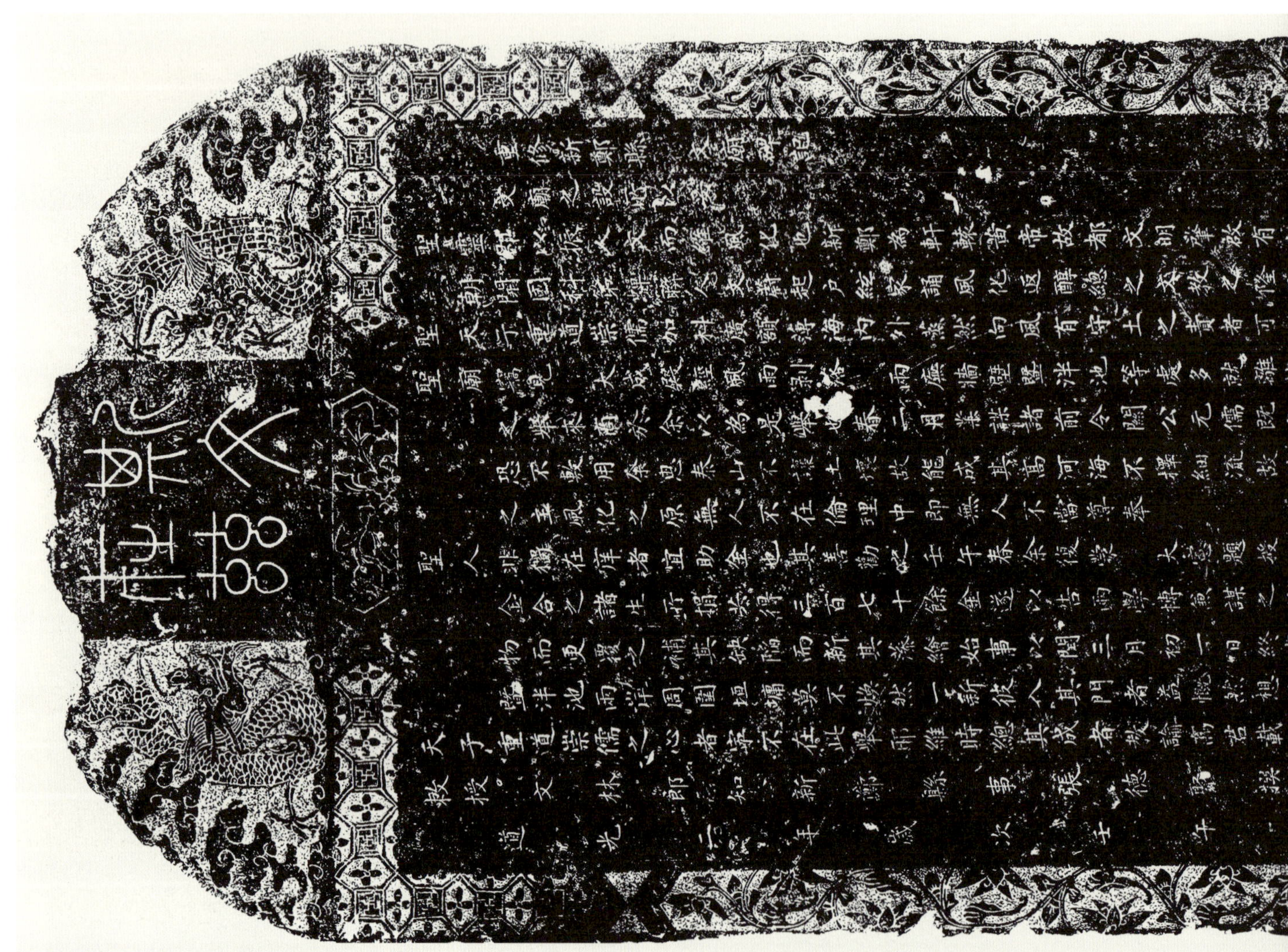

重修初祖庵山门碑记

道光五年七月

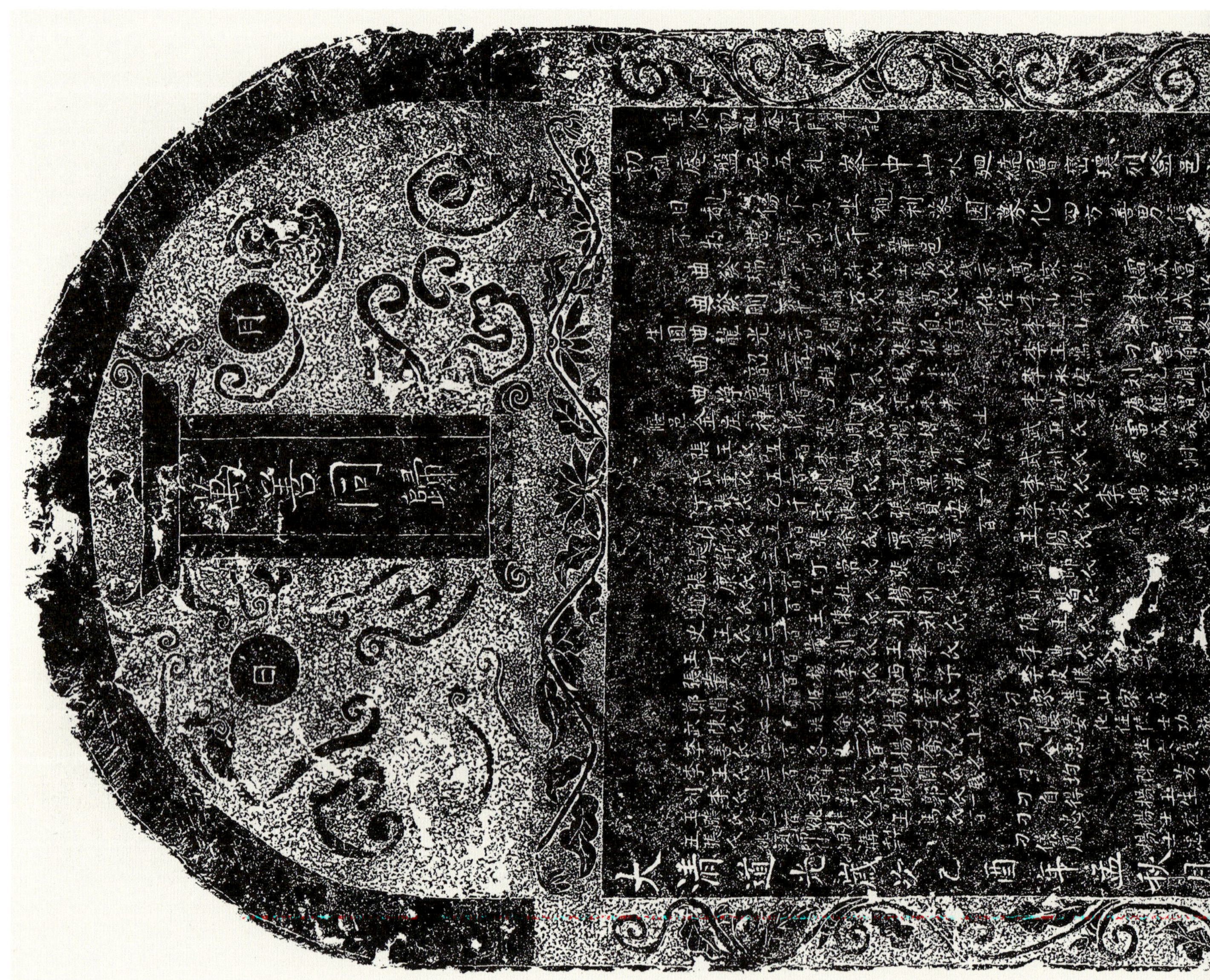

御祭文

谢特赐书　道光九年正月

御祭文

刘镕书　道光十六年二月

祭田碑

道光十八年四月

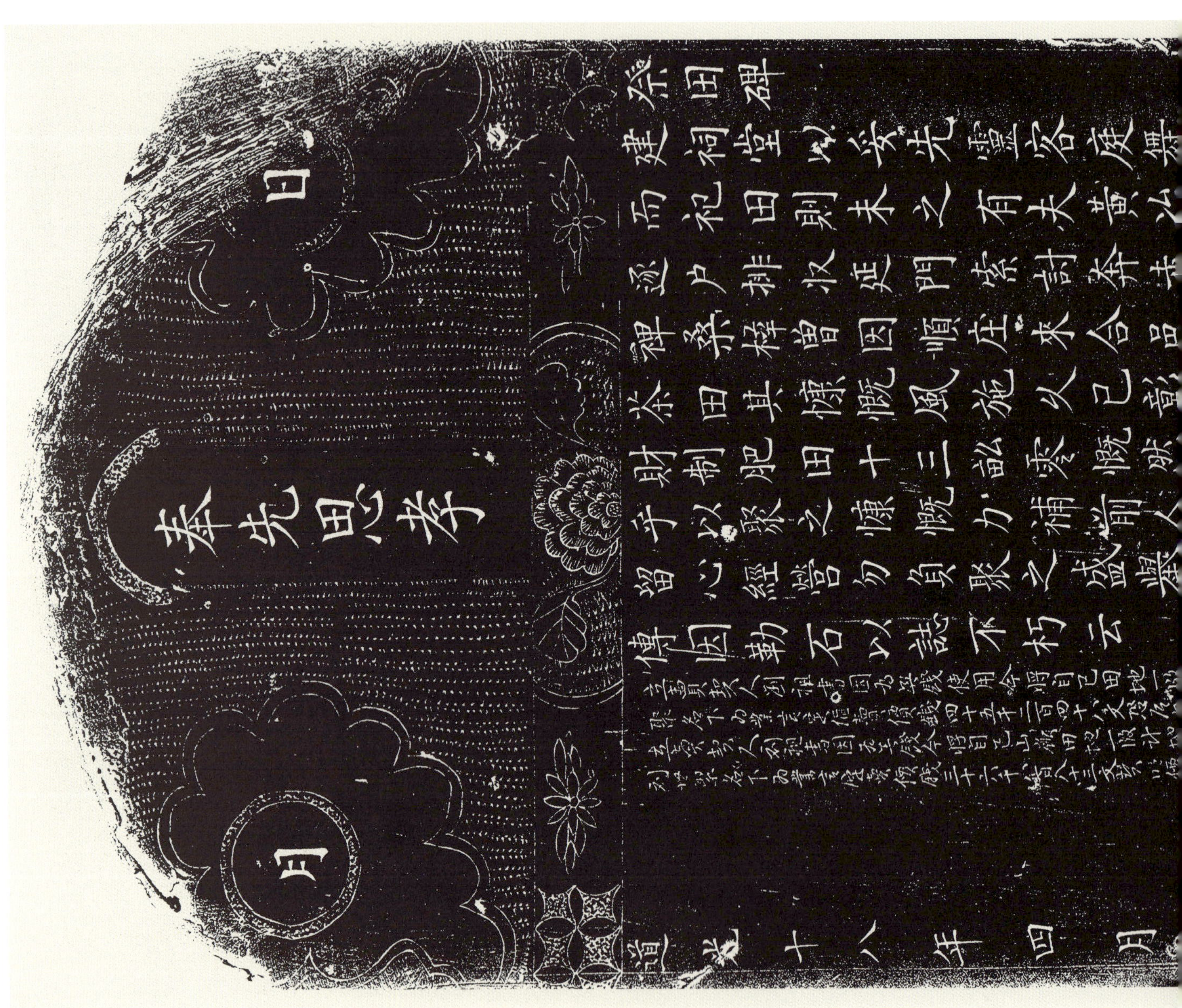

登封县少林寺告示

道光二十二年三月

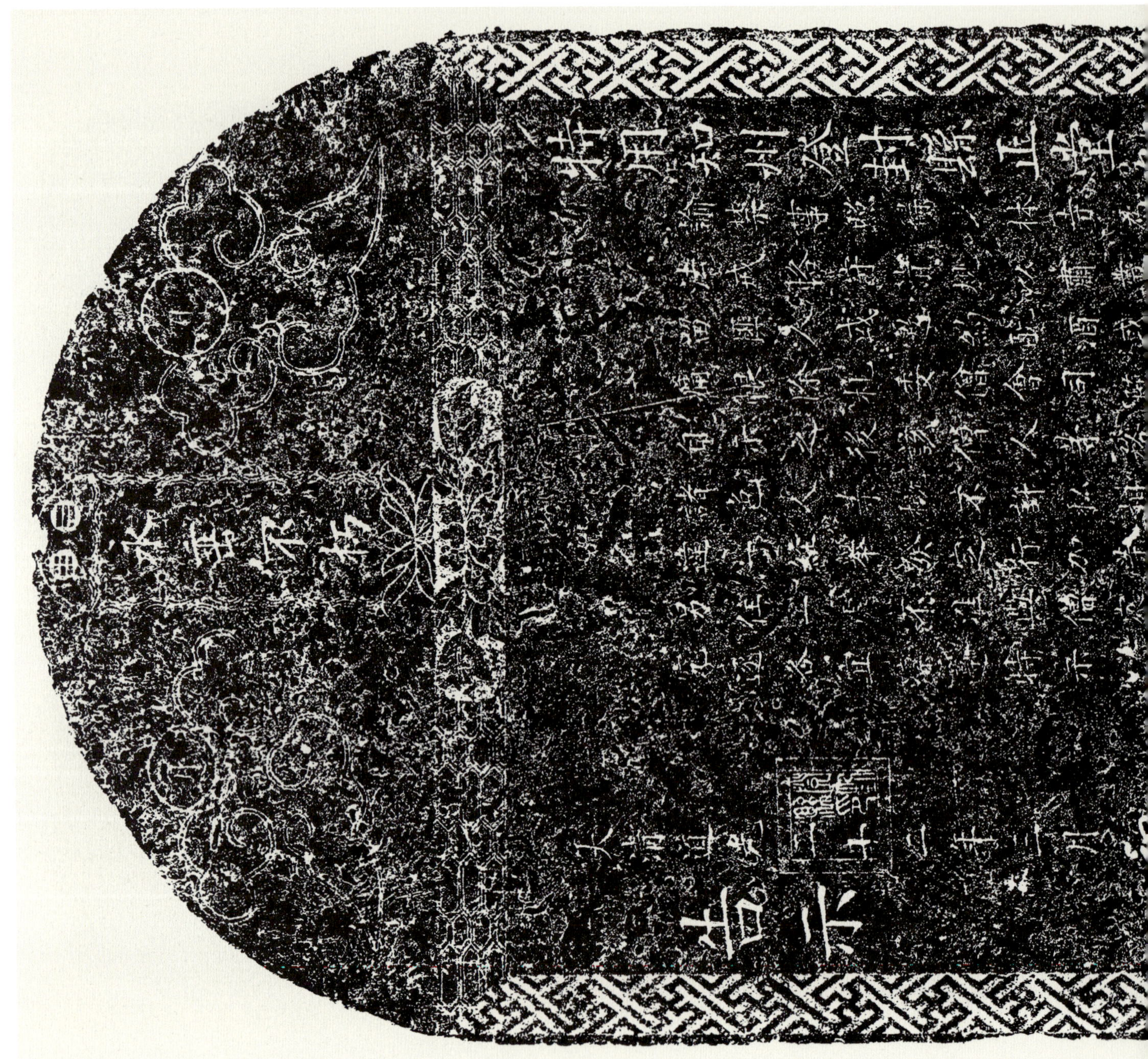

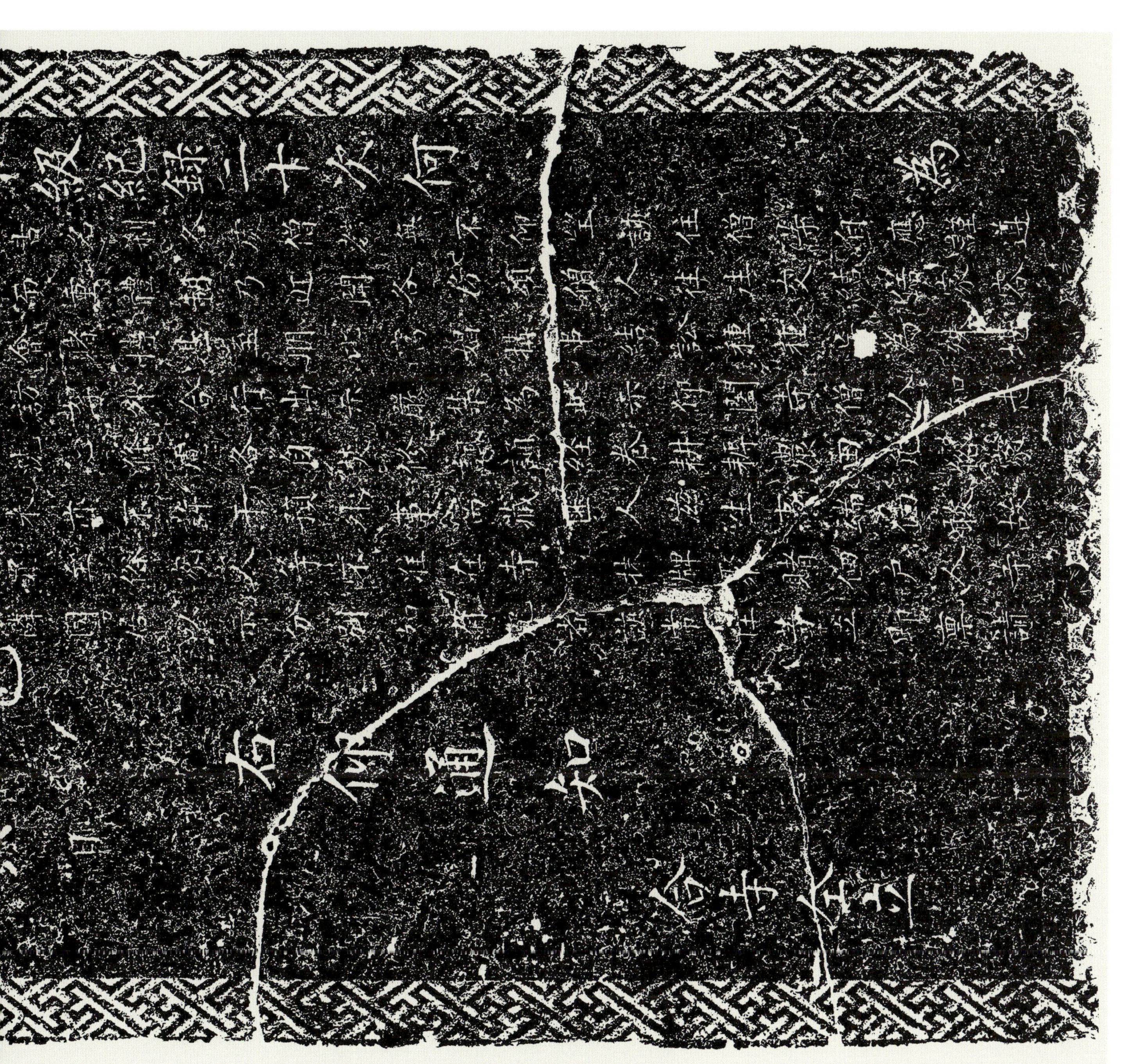

皇清太学生钟公墓志铭

刘凌汉撰　道光二十五年正月

近公里者多保全無恙縣令遵上諭以睦鄰郵里額贈之以旌善良此其功之
被於人者然也亦何莫非其孝友性成篤於家庭推恩以及遠哉其堂姪禮三
典三蒙公教育俱各成立亦得名列辟雍觀光上國與甥周純嘏杜木旺恪守
公訓以經營事務公之德與功可以成己即可以成物使得竟業圜橋乘時而
駕其立德立功更當何如耶元配劉氏繼配王氏孫氏俱有閫範子二長天文
次天慶皆國子監太學生女二長適張門次適姜門皆有淑德孫男三長世彥
次世臣三世祿尚幼孫女十二皆適名門公生於乾隆十一年九月十六日亥
時卒於嘉慶二十四年十一月十六日巳時劉氏生於乾隆　年月王氏生于
乾隆十八年卒於乾隆六十年十一月二十四日戌時孫氏生於乾隆二十九
年八月初八日亥時卒於道光二十二年三月二十日未時公乃余之太公也
原屬姻親知公之生平最悉據實誌之而銘諸石焉銘曰
惟公之德庸信庸謹詞無枝葉動有繩準我銘斯刻以詔來今
賜同進士出身勅授文林郎前任湖南省知桑植事加二級紀録三次姻眷晚劉凌漢拜撰
承重孫　世臣　男　天慶納石
道光二十五年正月二十四日

皇清太學生鍾公墓誌銘

公諱俊字清傑號秀儒乃國子監太學生也祖籍山西洪同縣至明洪武年間

始祖鍾浩公遷鞏居城內五世祖鍾恕公于弘治年內由選拔官至兵科給事

中迨曾祖鳴鳳遷居東站祖萬仝父昌元母李氏繼母王氏俱塋邵溝北嶺祖

塋公遷居寺溝又遷居南垤灣公九歲失恃弱弟方三齡居處與弟俱不忍離

飲饌衣服女兄是依繼母王太儒人撫養之遂成立甫適成童又失怙愛弟益

篤及守親喪躃踊幾絕如成人既而卜兆納竁盡哀盡禮歲時祭祀必潔必躬

親偶有所觸輟飲泣以鷄豚未逮為恨其事王母也一如所生母喪明侍養倍

摯每歸省備甘旨出入必扶持湯藥必親嘗且為家人善事之德配王儒人亦

克承公志無少懈故王母雖年高苦蹣跚終至耄耋歲胥公孝養力也先是弟

未弱冠染沉疴公撫若嬰兒延醫調理晝夜不眠年餘方瘳雖溫公之問饑慰

寒於其兄英公之然火煮粥於其姊不是過也性不喜奢靡所衣不過禦寒所

食不過脫粟及遇修建梵宇築橋甃路等事每慷慨樂施無所悋惜鄉里以援

面壁石赞

萧元吉撰　道光二十八年秋

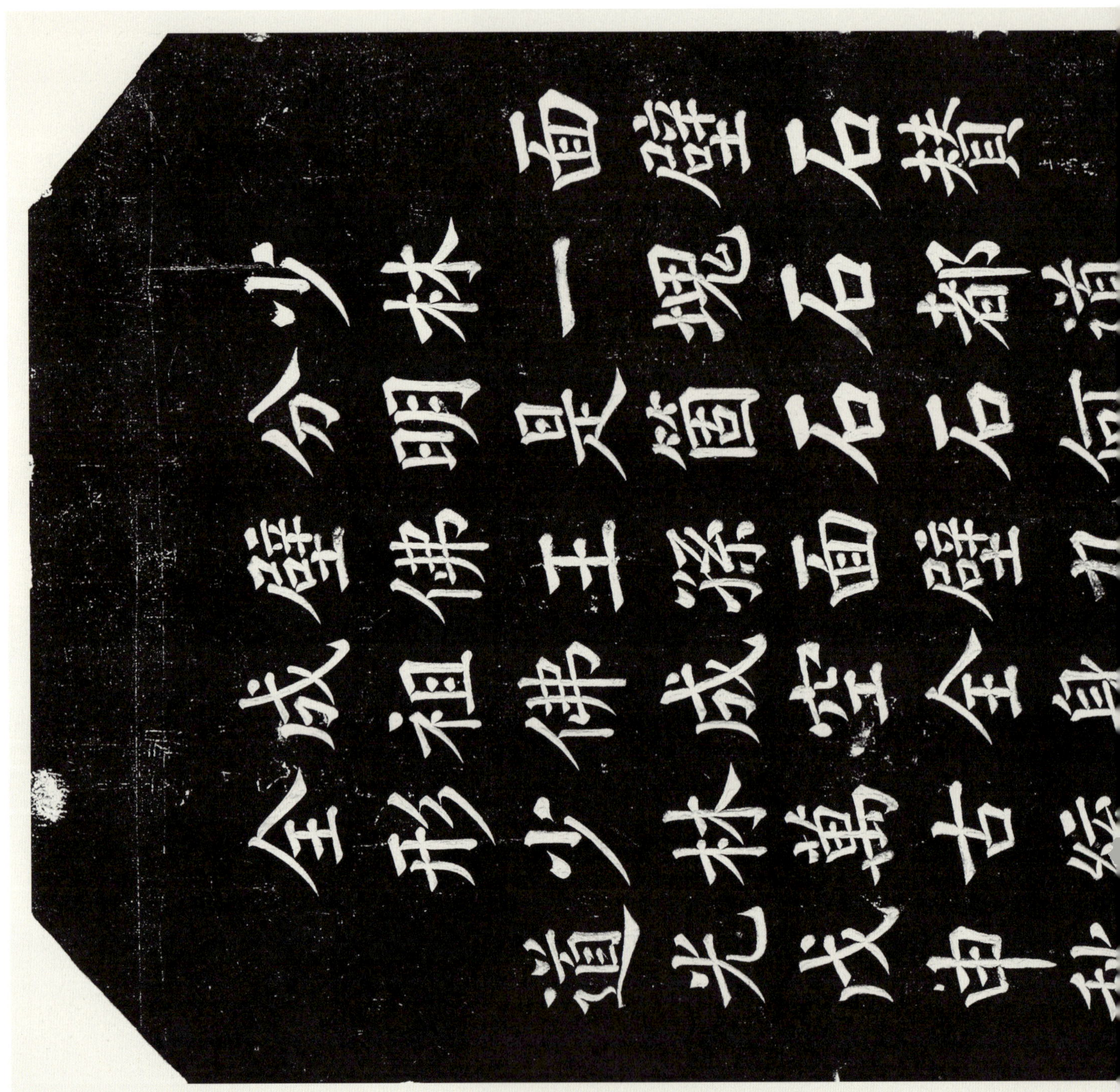
面壁石賛
少林一塊石都道
分明是箇石石何
壁佛王孫面壁九
成祖佛成空全身
全形少林萬古
道光戊申秋

是箇人分明是箇人
石面壁石人何人面
年經九年面壁祖佛
全身精入石靈石肖
宗門
嵩安蕭元吉譔
僧會司德武立石

御祭文

刘镕书　道光三十年五月

重建少阳桥碑记

焦士元撰　李嵩阳书　道光三十年八月

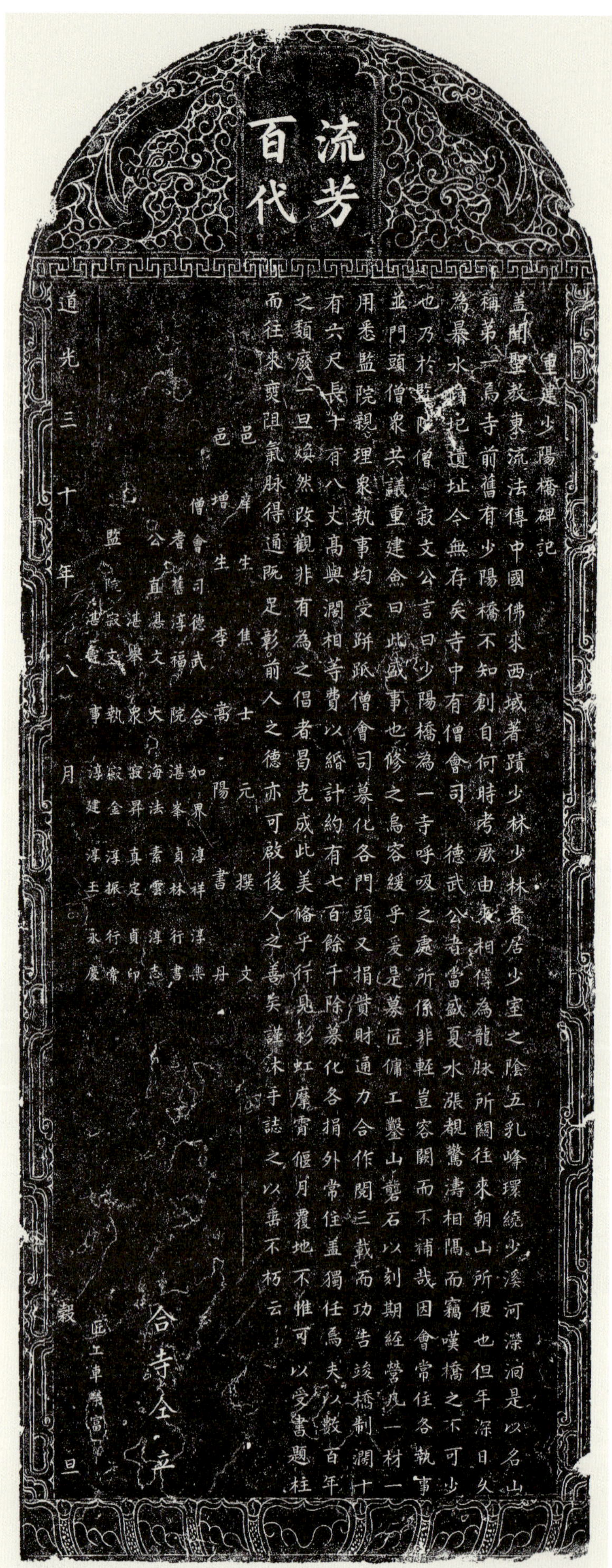

碑阳

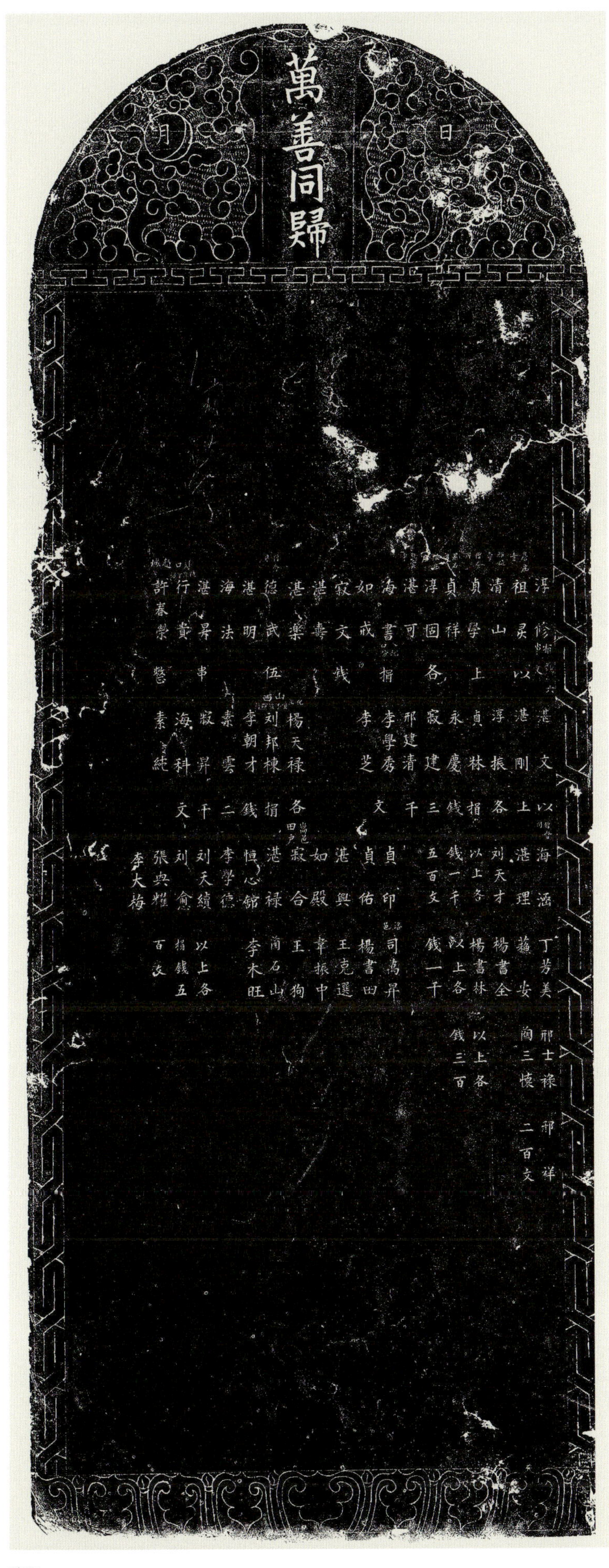

碑阴

达磨面壁影石

舒亨熙赞　汪暾偈　道光三十年十一月

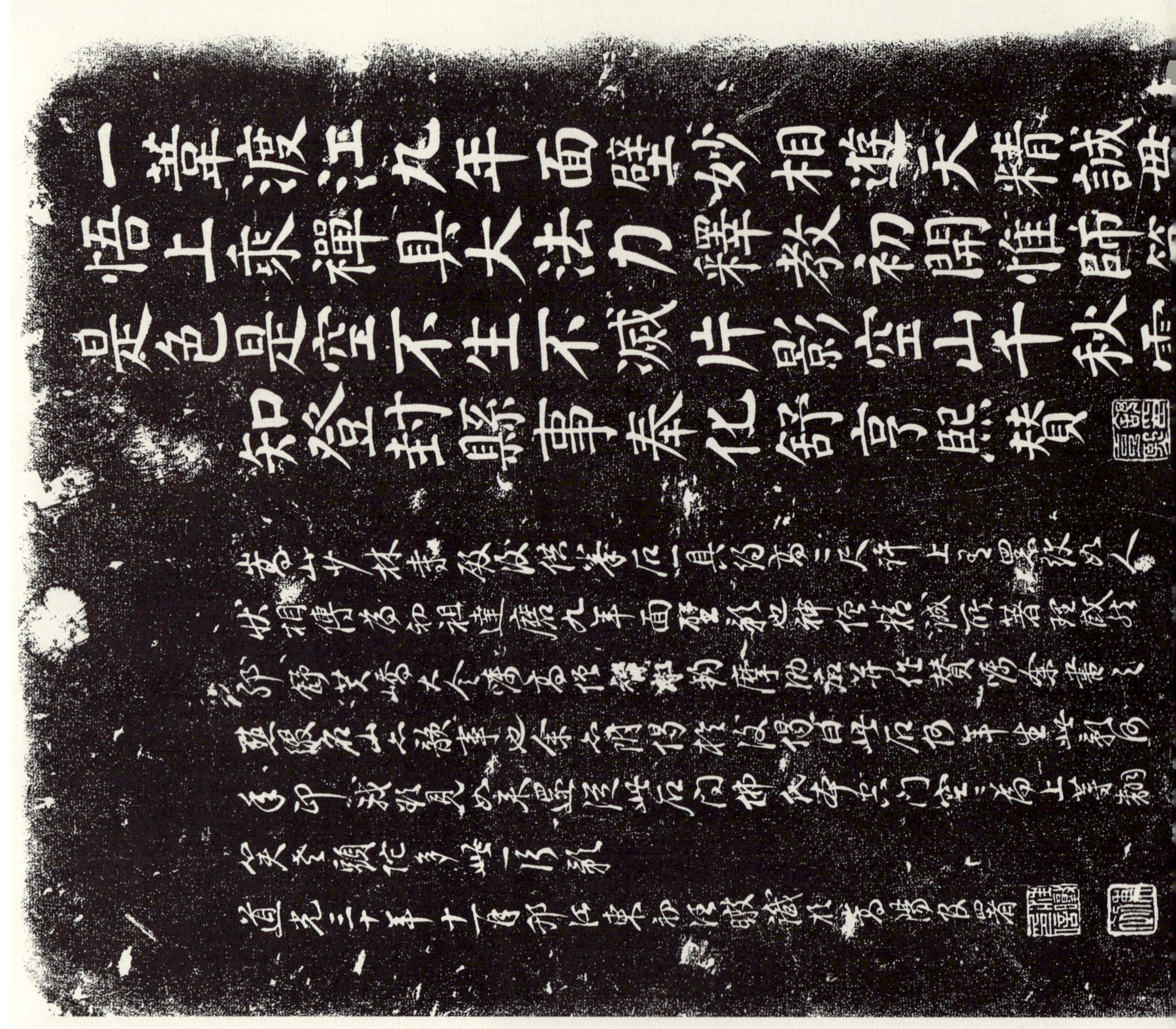

祀岳礼成至少林寺观达磨面壁影石因赞

贾臻作　张瑛书　咸丰元年八月

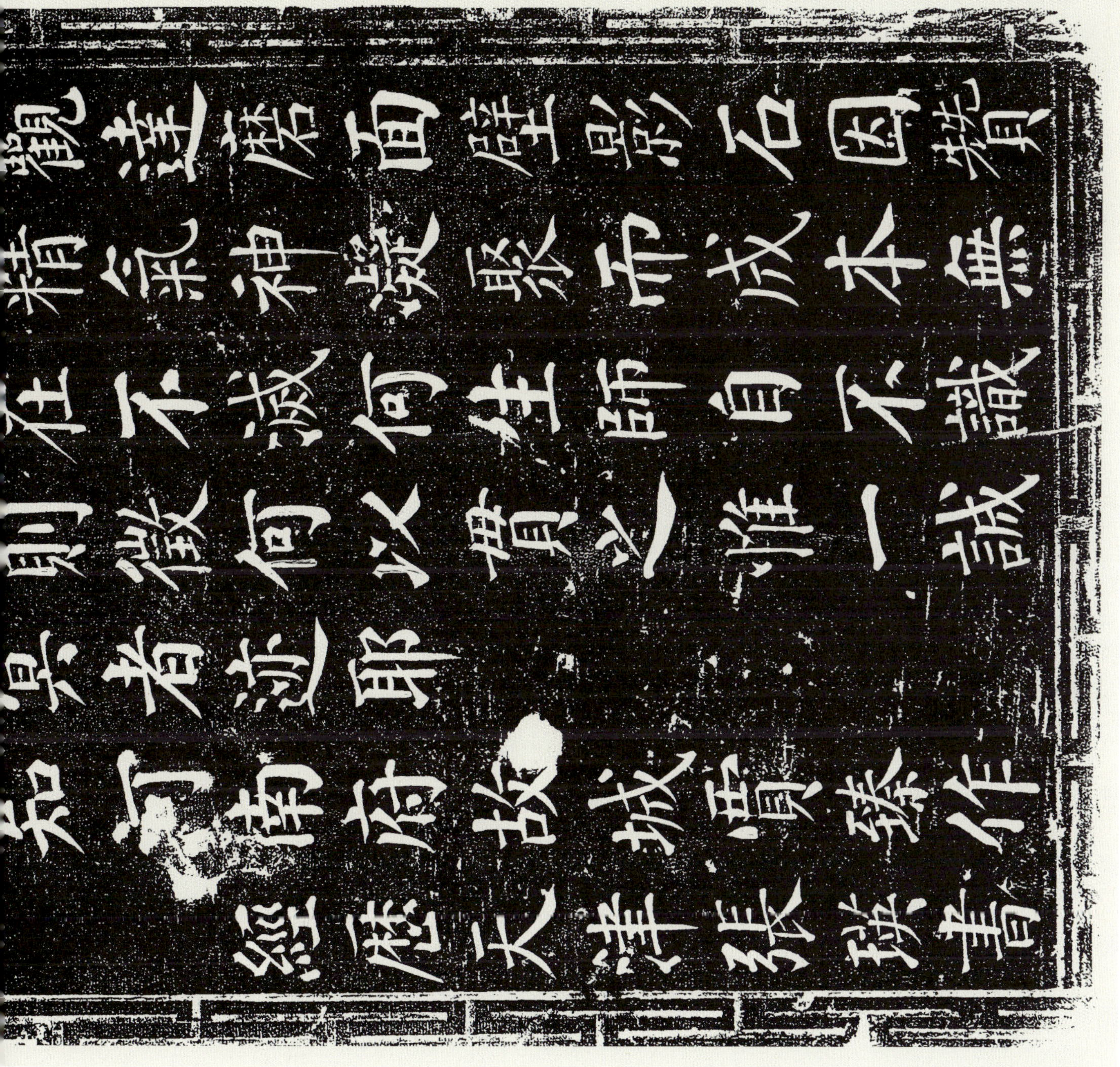

觀達磨面壁影石因贊
精氣神凝聚而成本無
在不滅何生師自不識
則徵何以貫之惟一誠
真者迹耶
知河南府故城賈臻作
經歷天津張瑛書

重修白衣菩萨殿碑记

李允迪撰　李祖惠书　咸丰五年四月

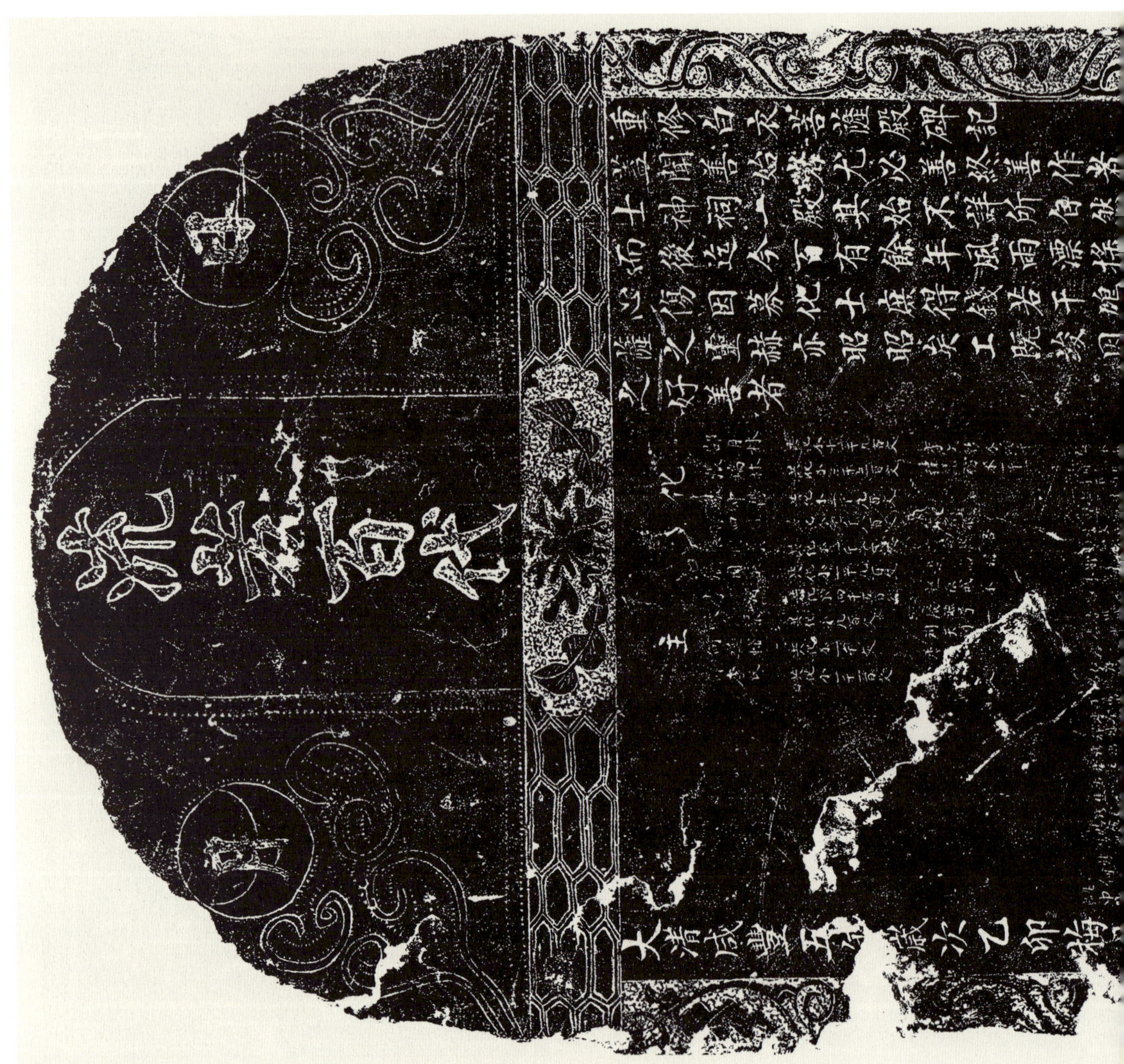

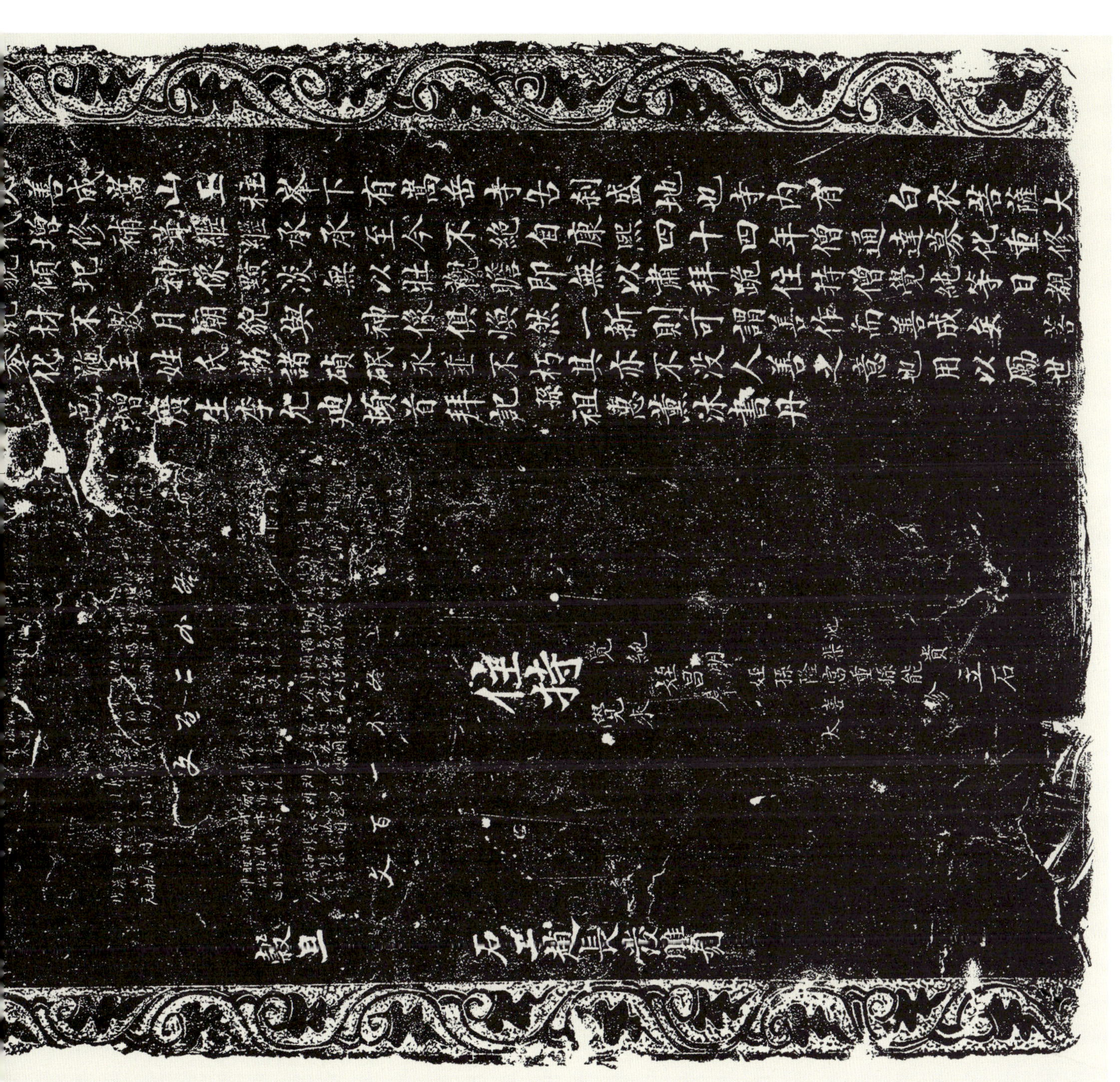

合寺僧俗公议规矩碑

咸丰五年六月

重修初祖庵西庭碑记

李公珍撰并书　咸丰五年十二月

雨漂摇楼神之所壊将盡焉僊邑齊家窯何君西川常遊於

已貲外又與首事仝等募化四方共襄義舉工程告竣求

列施主姓名於后以誌不朽

住持僧淳典

塑匠吴全銘

木匠蔡萬升

禁焚山林碑

王东林撰并书　咸丰六年六月

重修拜棚萧墙碑记

郭玉润撰　周复岐书　咸丰九年三月

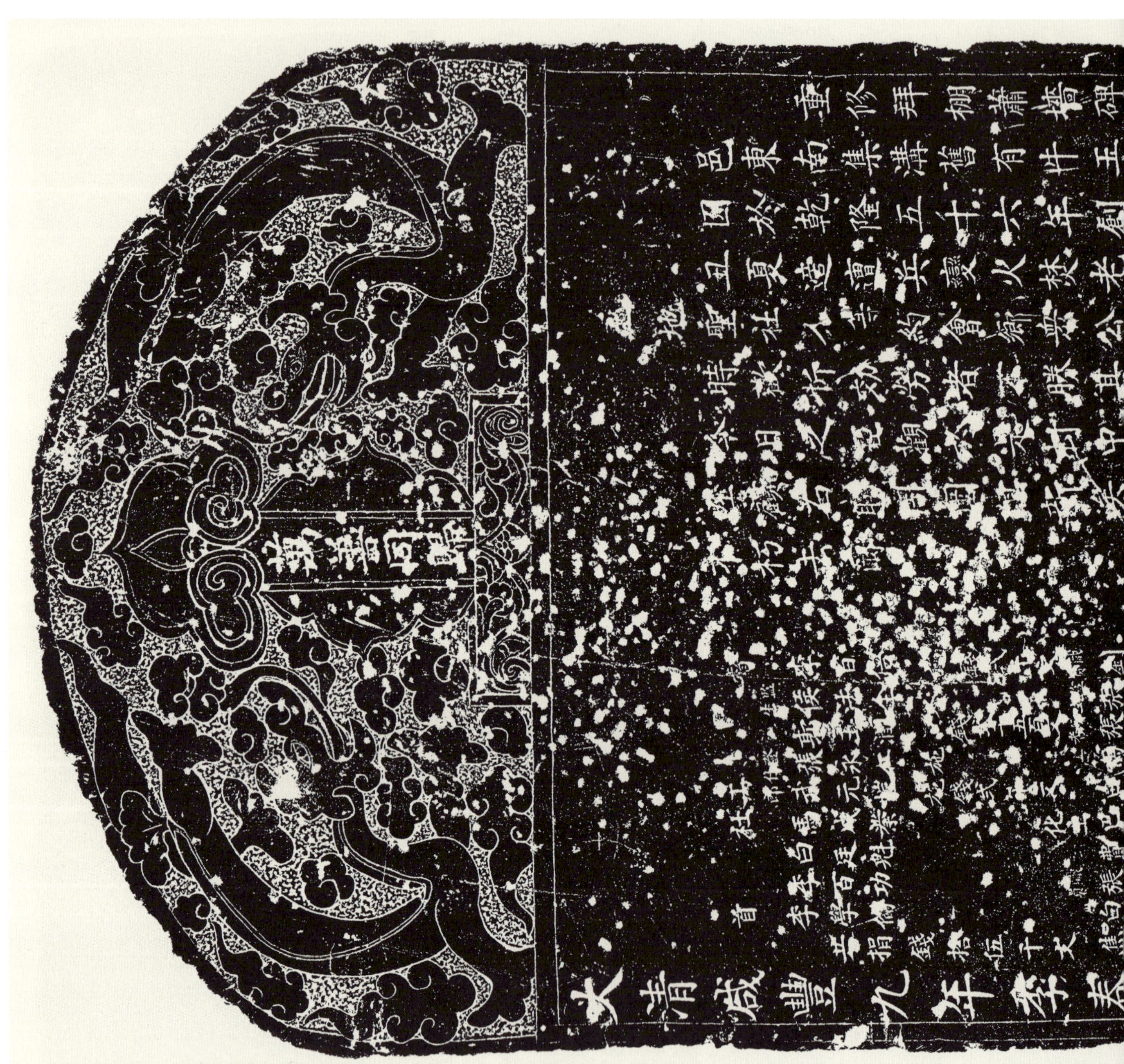

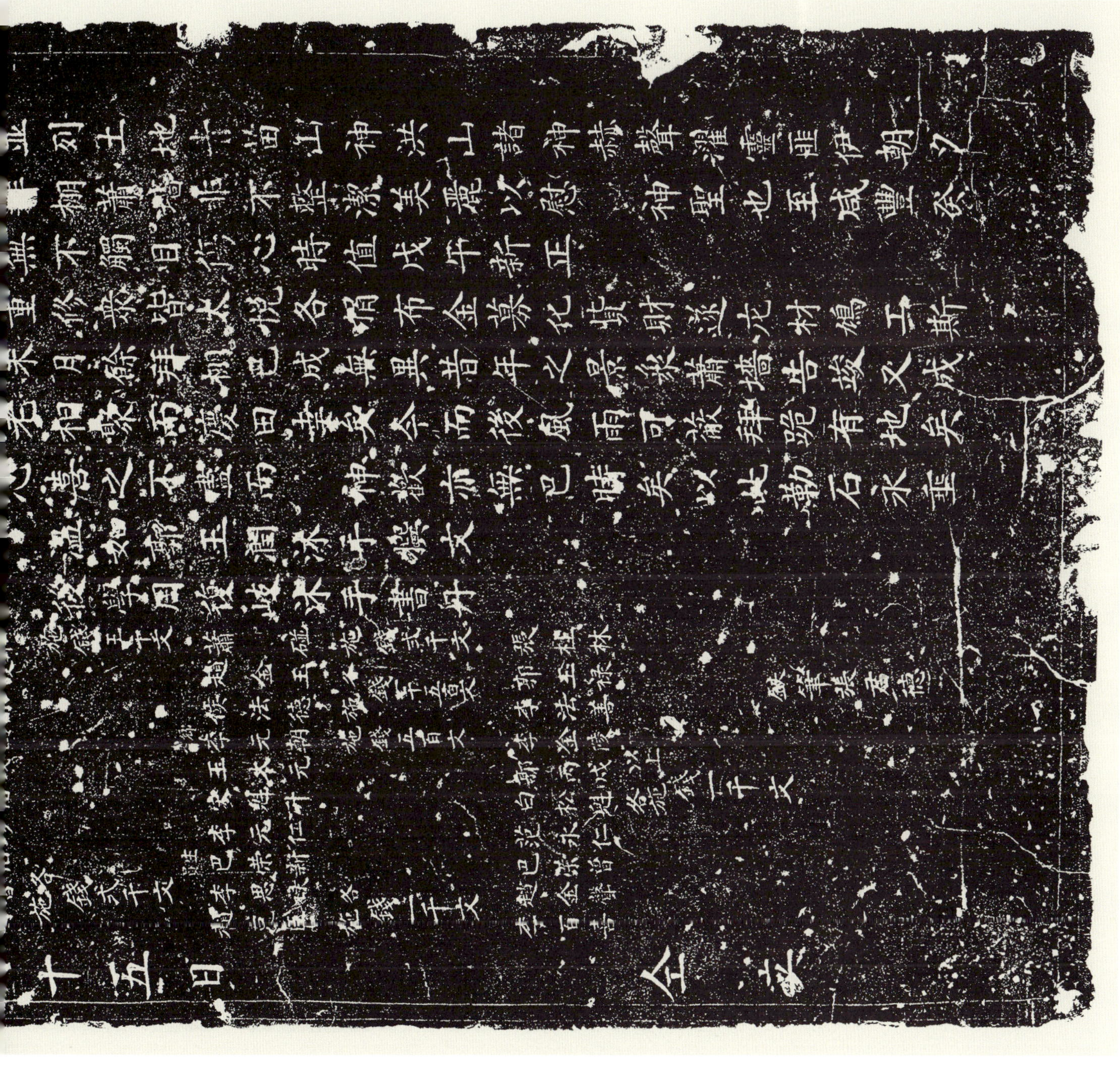

御祭文

申书山书　同治四年三月

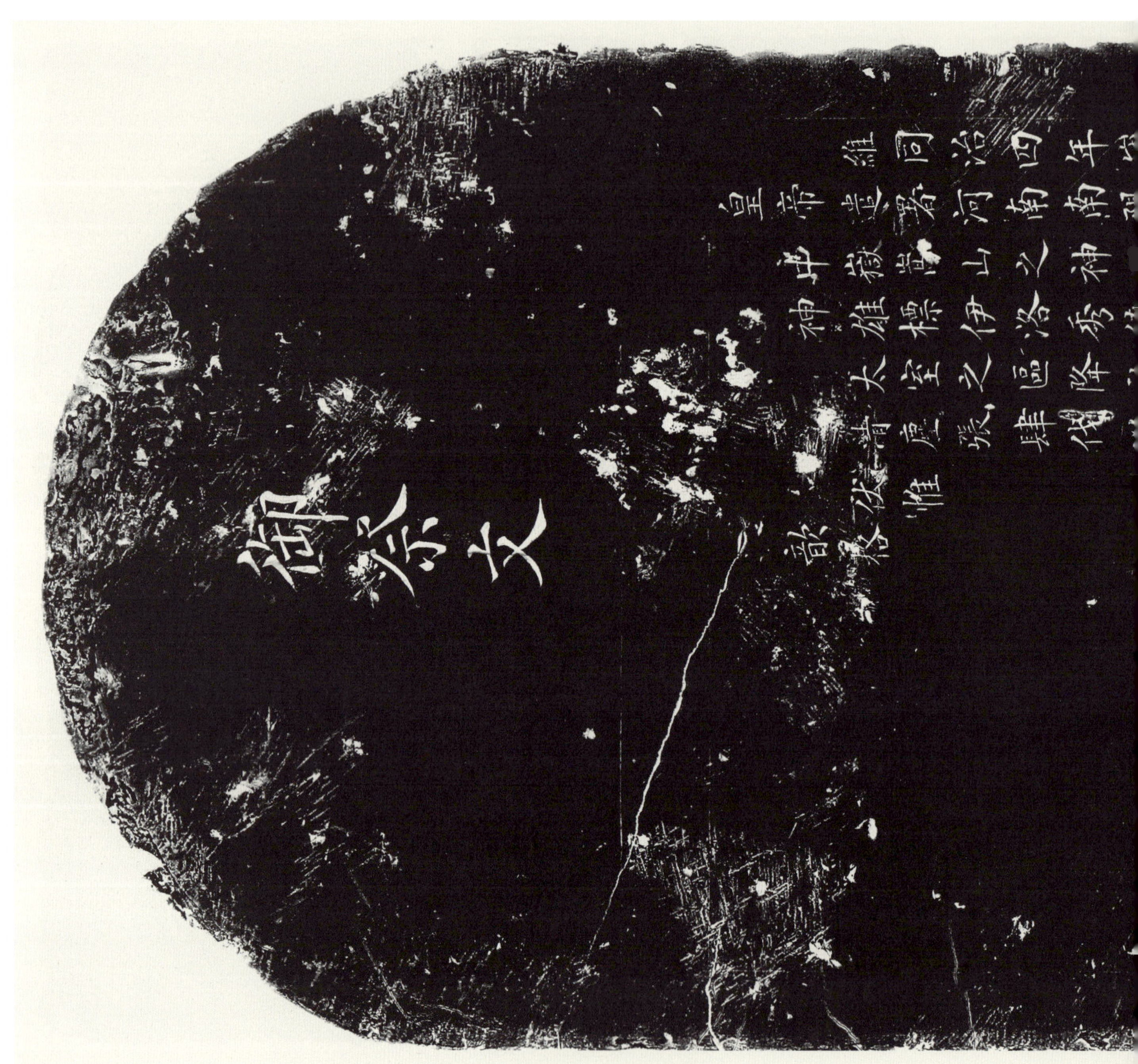

乙丑三月丙申朔
總兵趙鴻舉致祭於
瀍豫野分躔輝耀瞻壽星之次坤儀奠位崔巍仰
申甫勤宣奏凱而王林禮洽茲以金陵告捷王守
咸止戈有慶聽三呼而紀瑞薦幣明虔祇告武成
欽差御祭大臣署理河南南陽鎮總兵官趙鴻舉
陪祭官河南府通判　張　桂
同知銜署登封縣知縣牛緒儒
教諭王止孝
訓導李三陽
典史朱立勛
附生申壽山書丹

天然朝元

同治五年

同治丙寅
天然

康百万庄园题诗石刻十六种

同治十年

李瀛山撰　牛瑄书

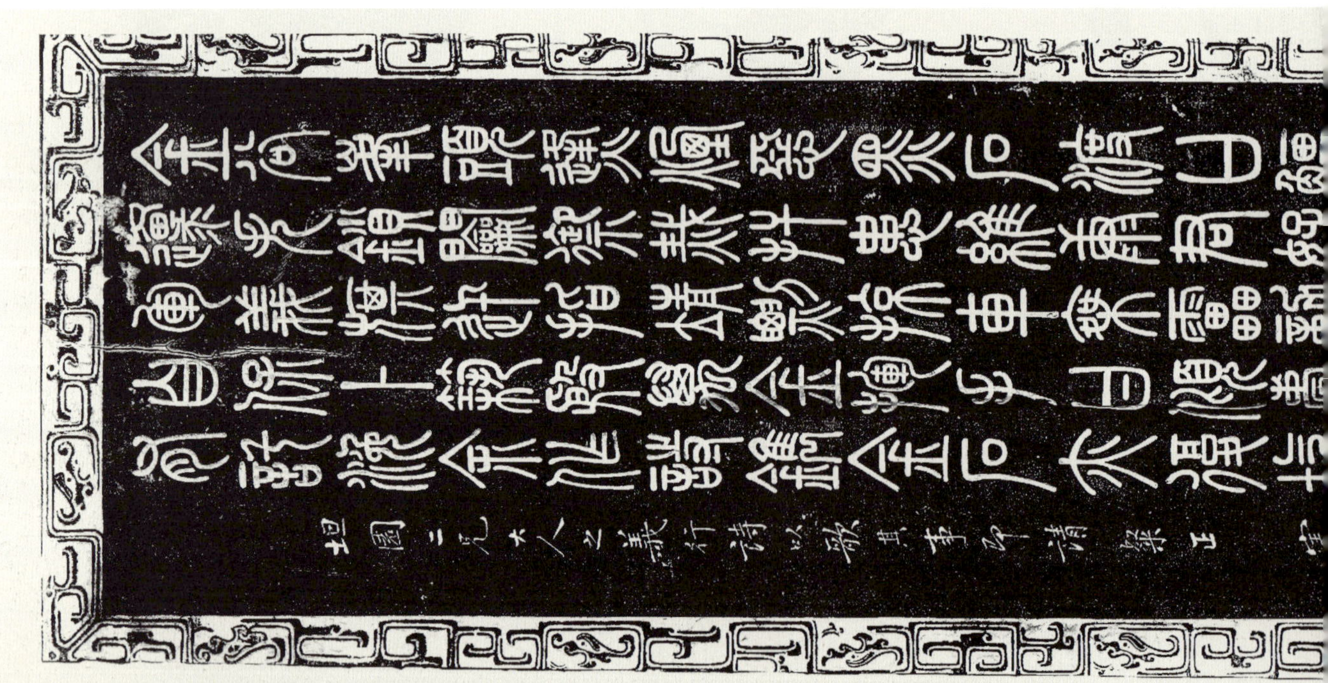

李嘉乐撰　周思濂书

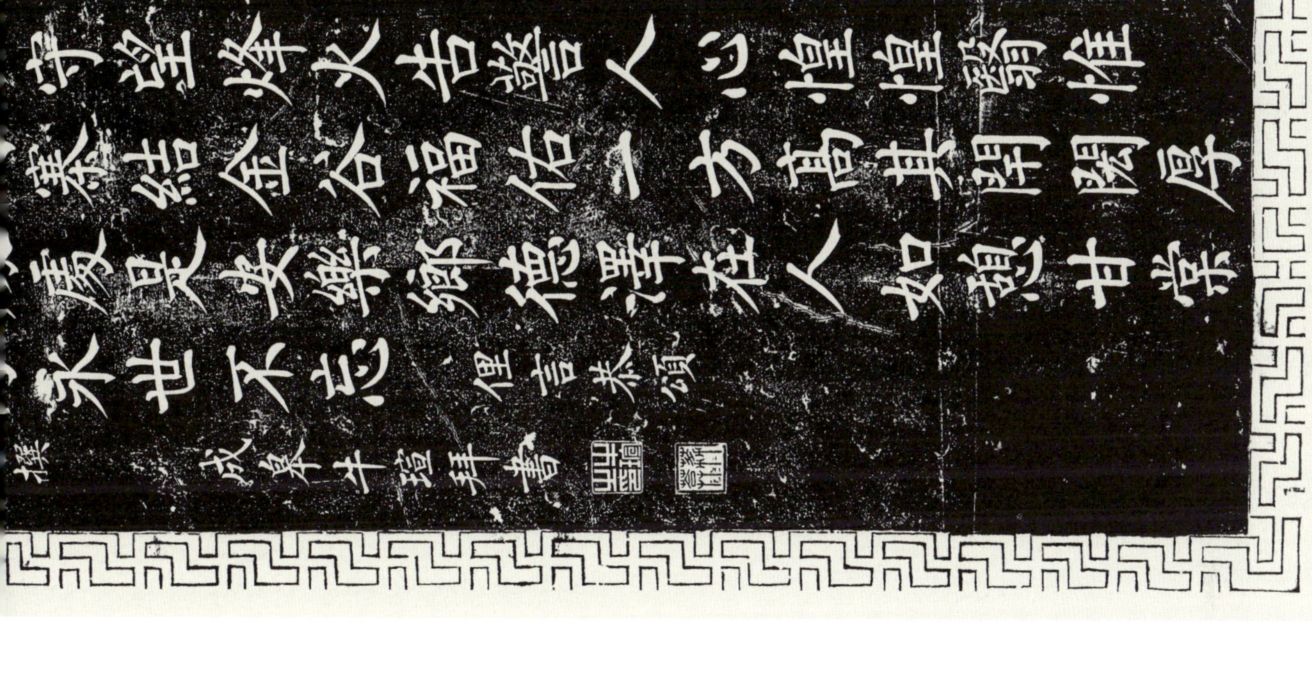

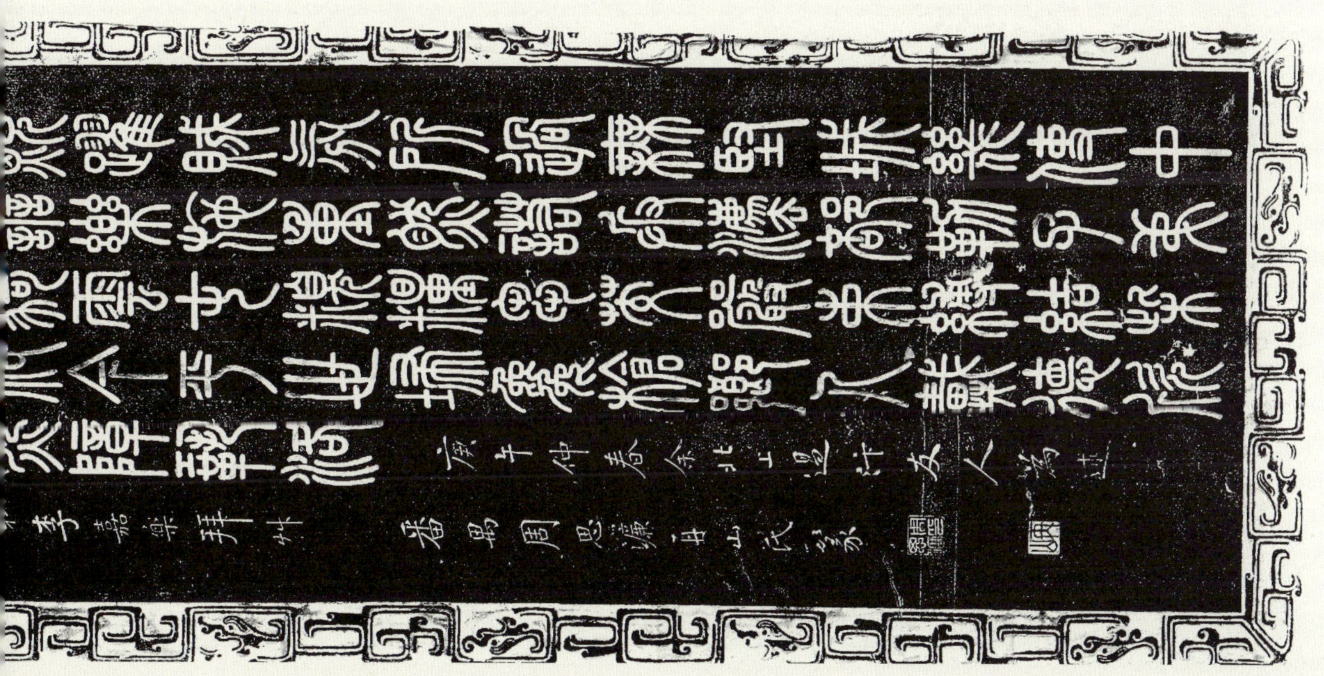

高泽荔撰并书

段晴川撰并书

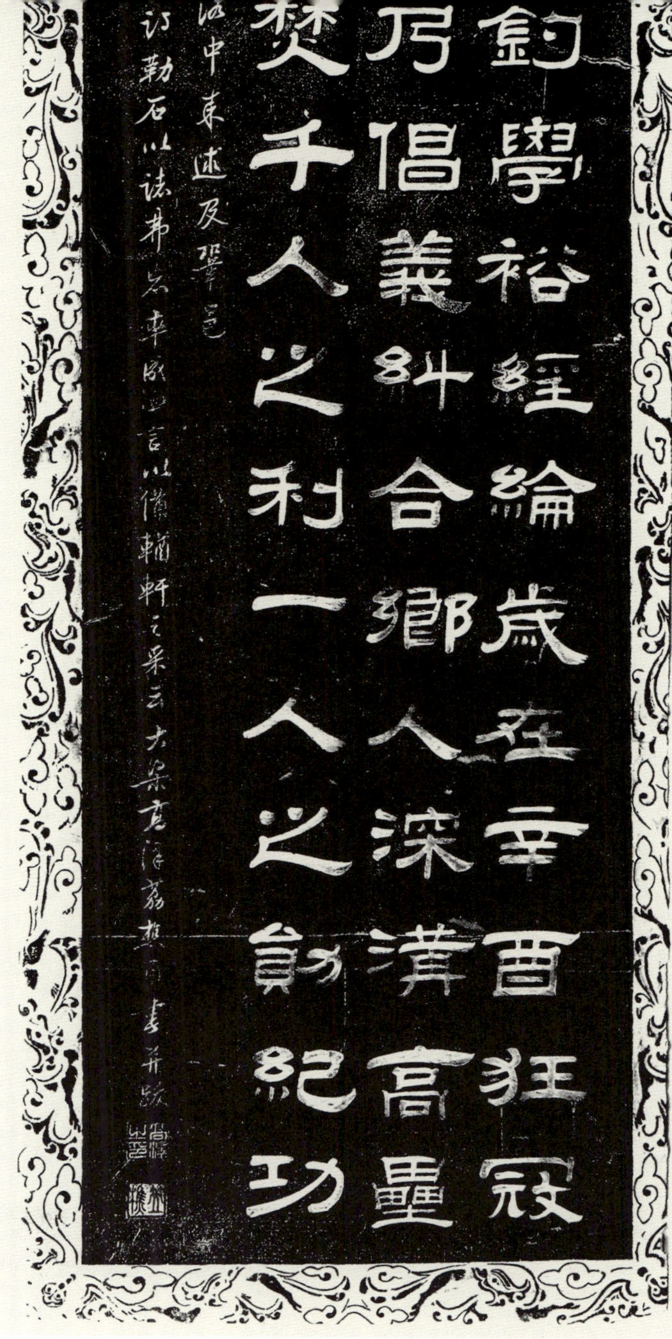
釣學裕經綸歲在辛酉狂寇
乃倡義糾合鄉人深溝高壘
焚千人之利一人之飭紀功

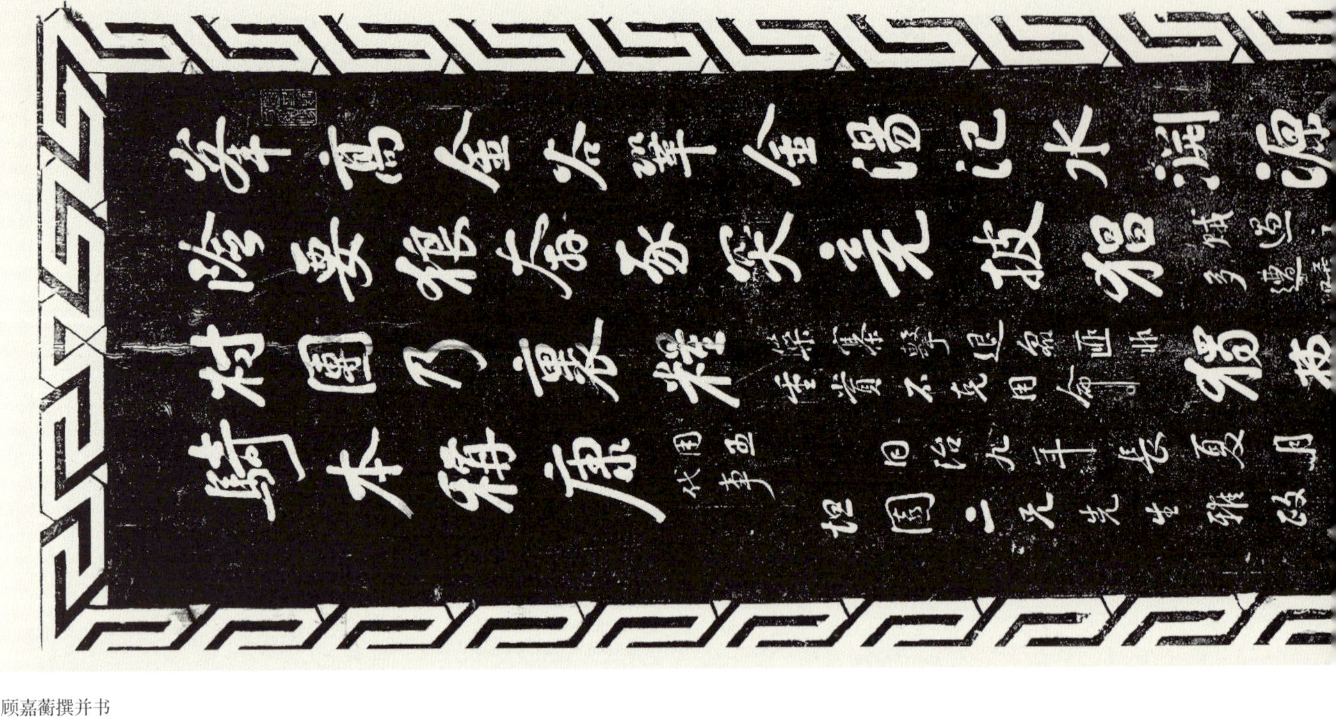

顾嘉蘅撰并书

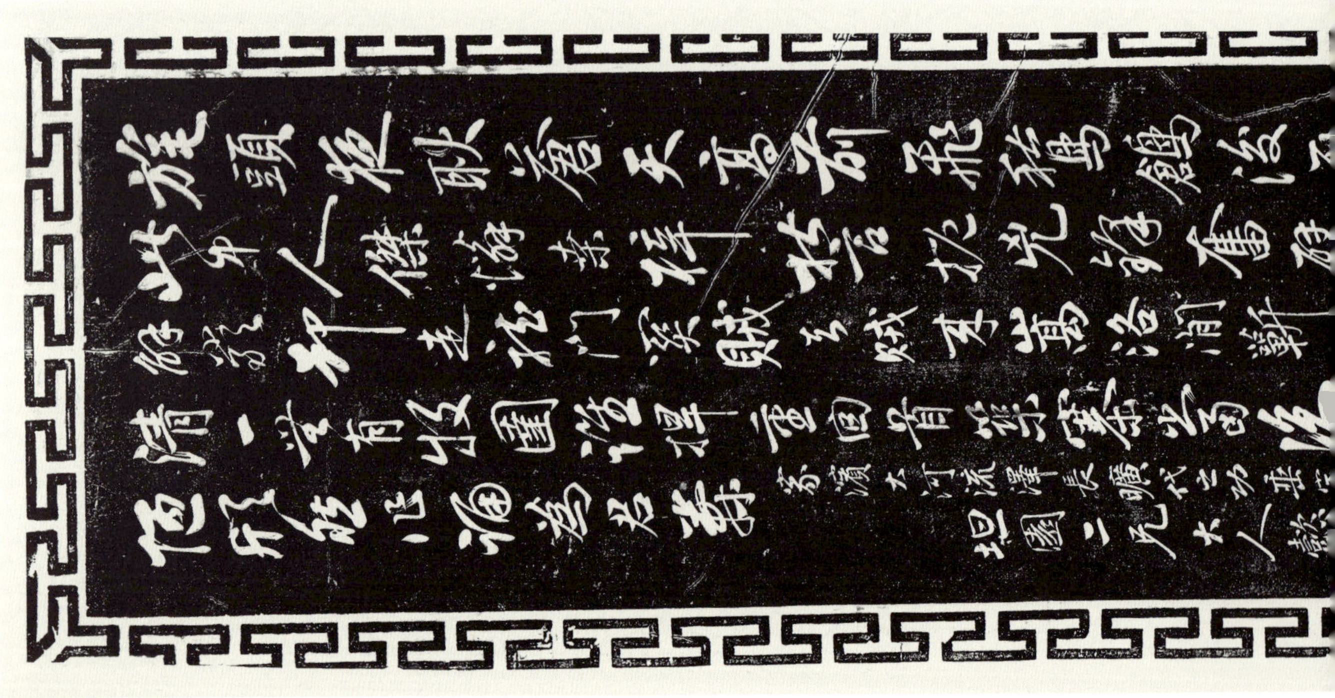

刘毓楠撰并书

孙钦昂撰并书

仓景恬撰并书

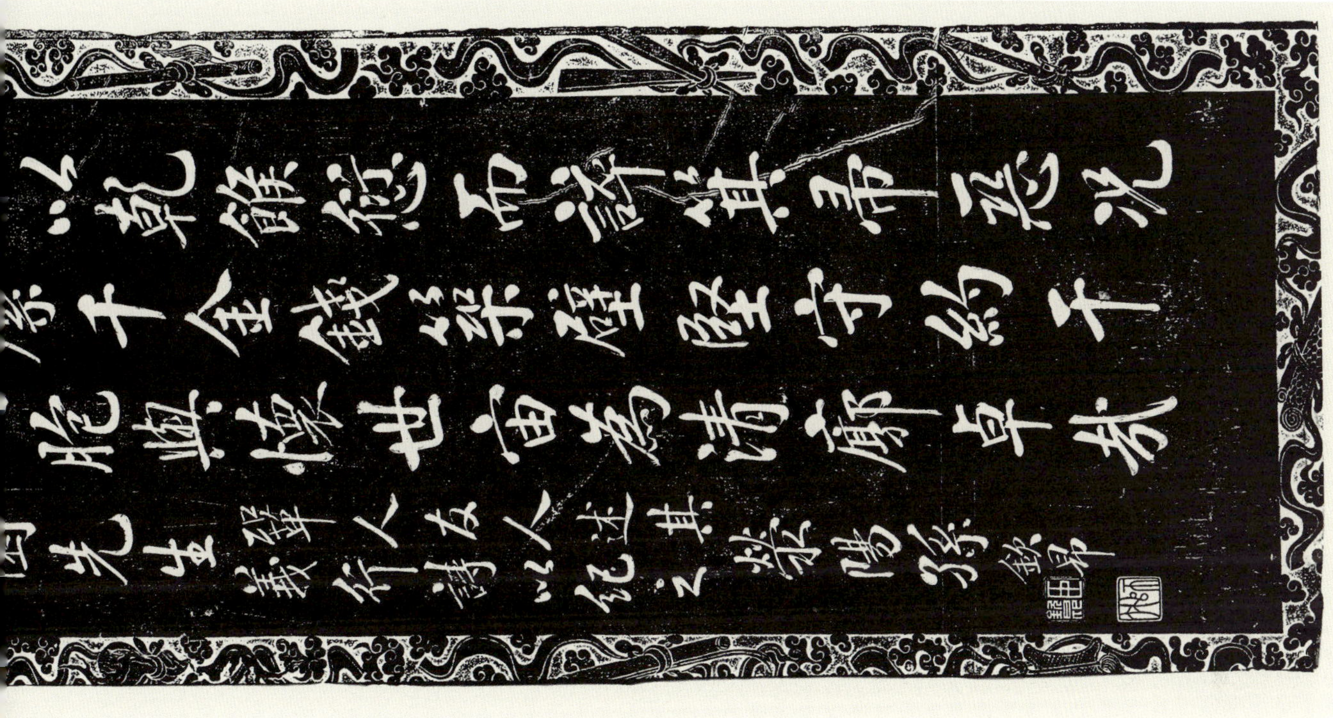

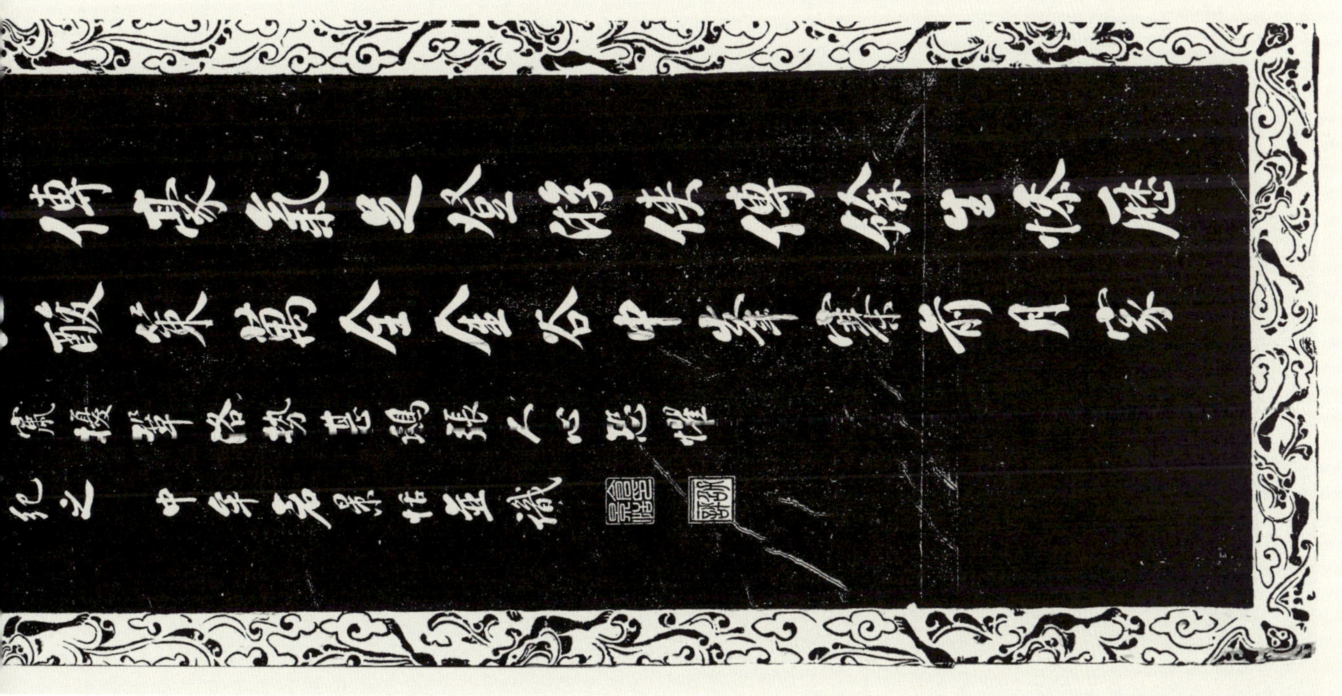

德林撰并书

许静撰并书

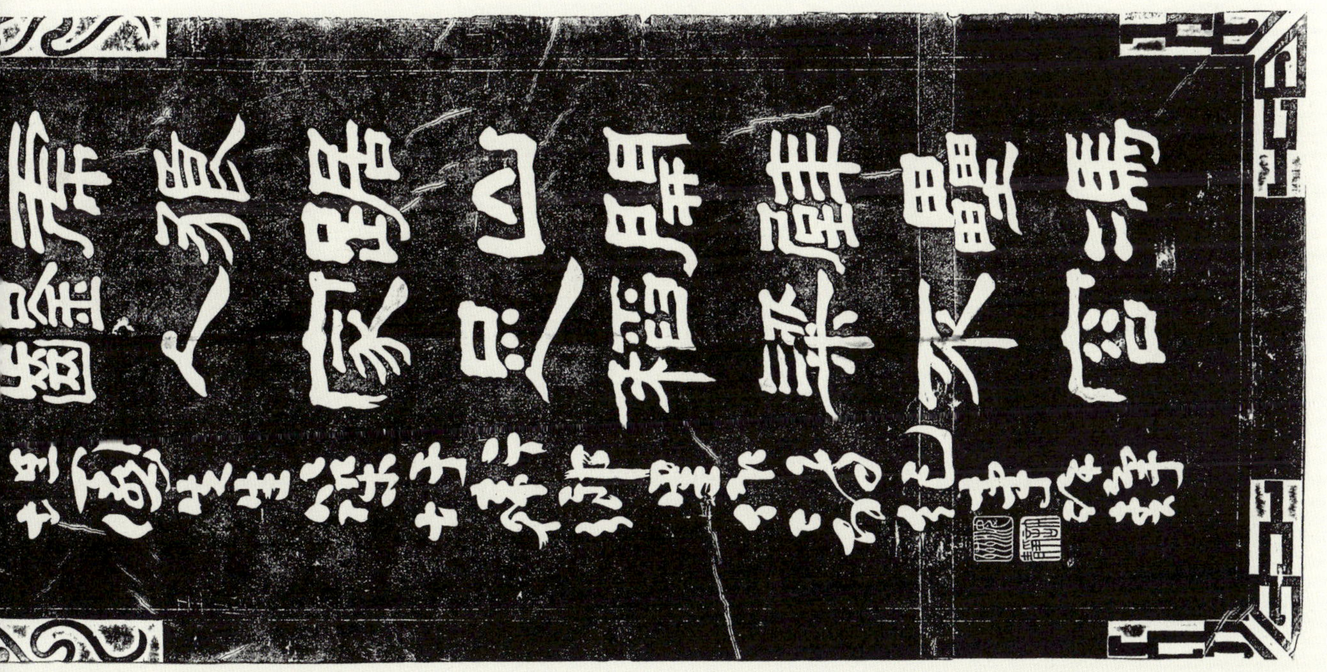

王承枫撰并书

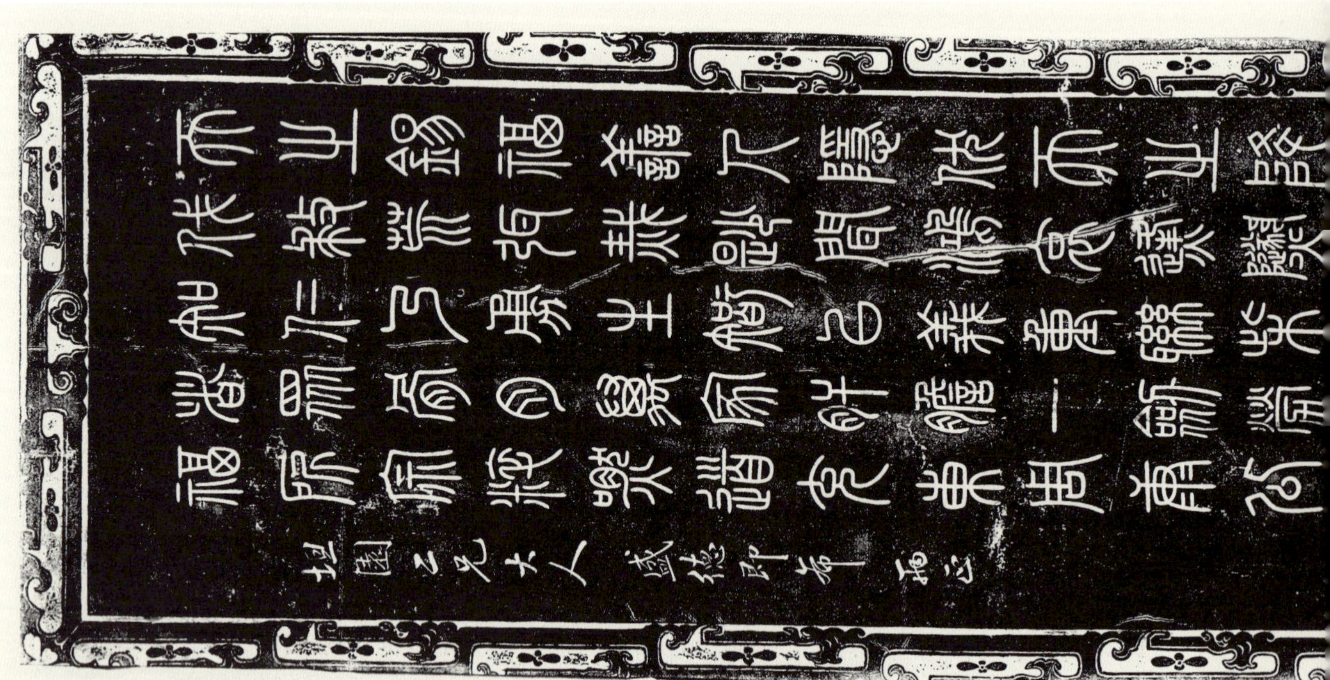

薛成荣

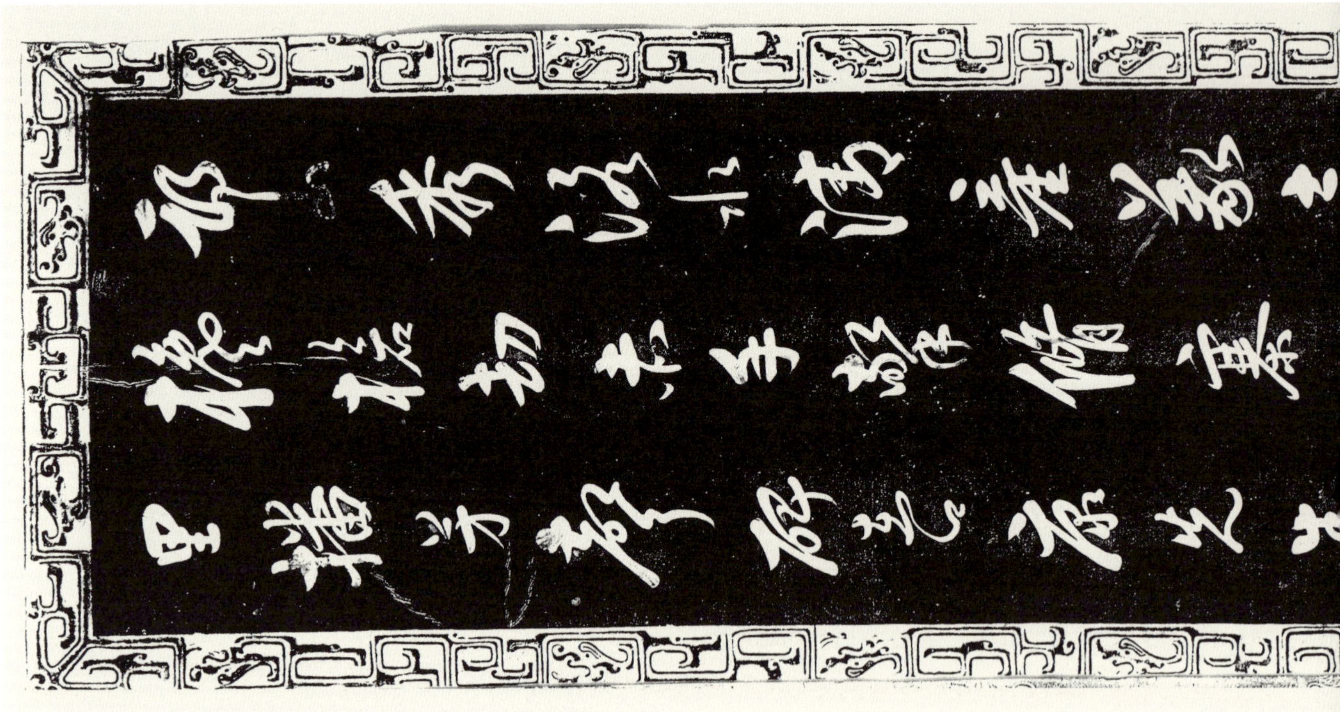

汪日旸撰并书

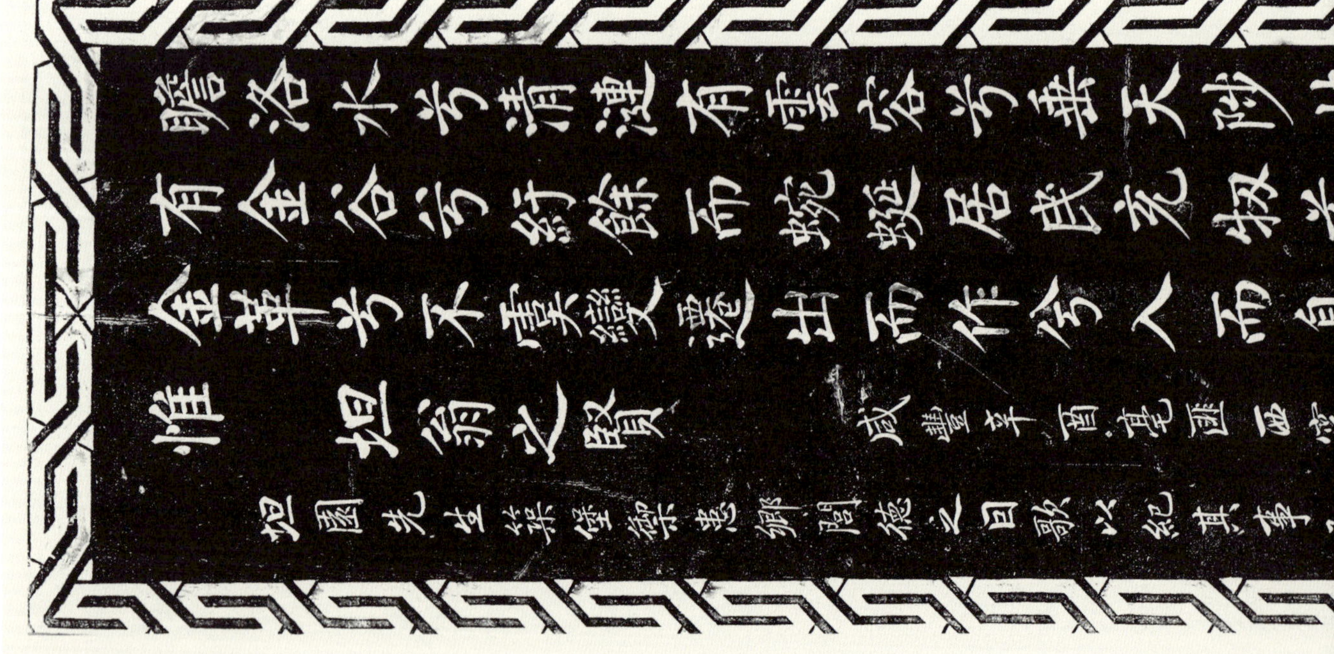

高钊中撰并书

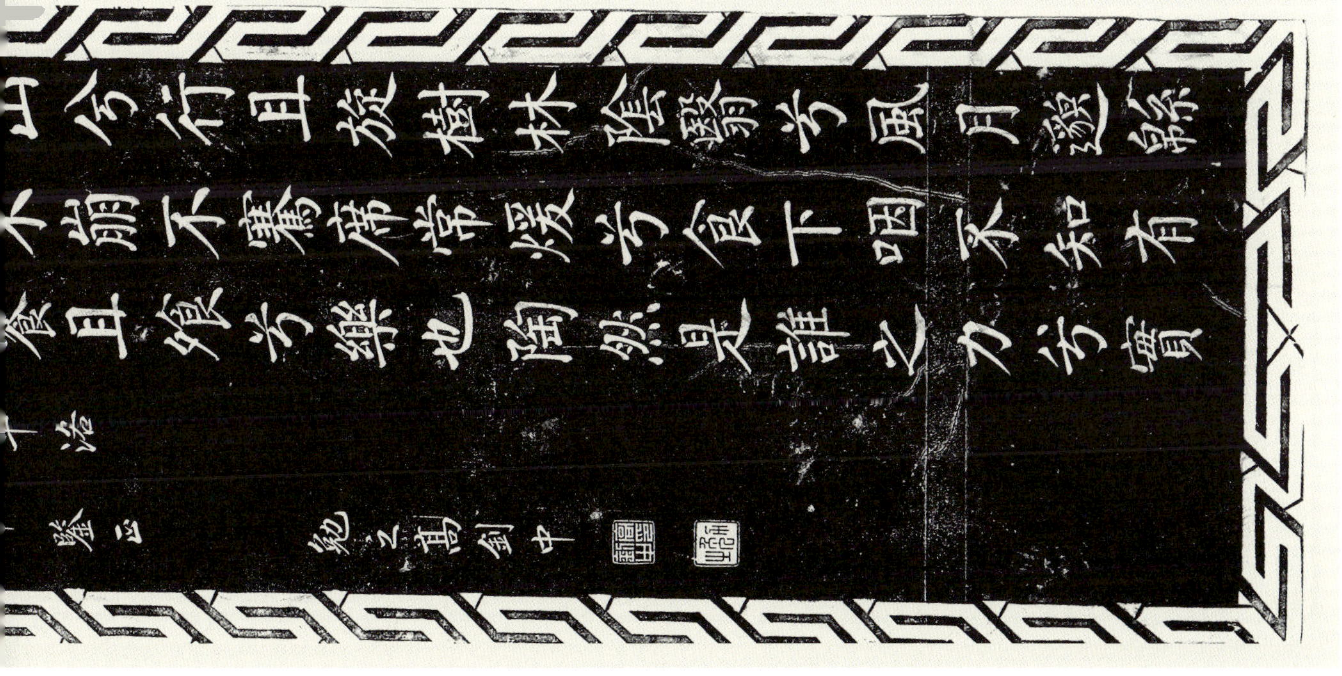

蒋綖庆撰并书

傅寿彤撰并书

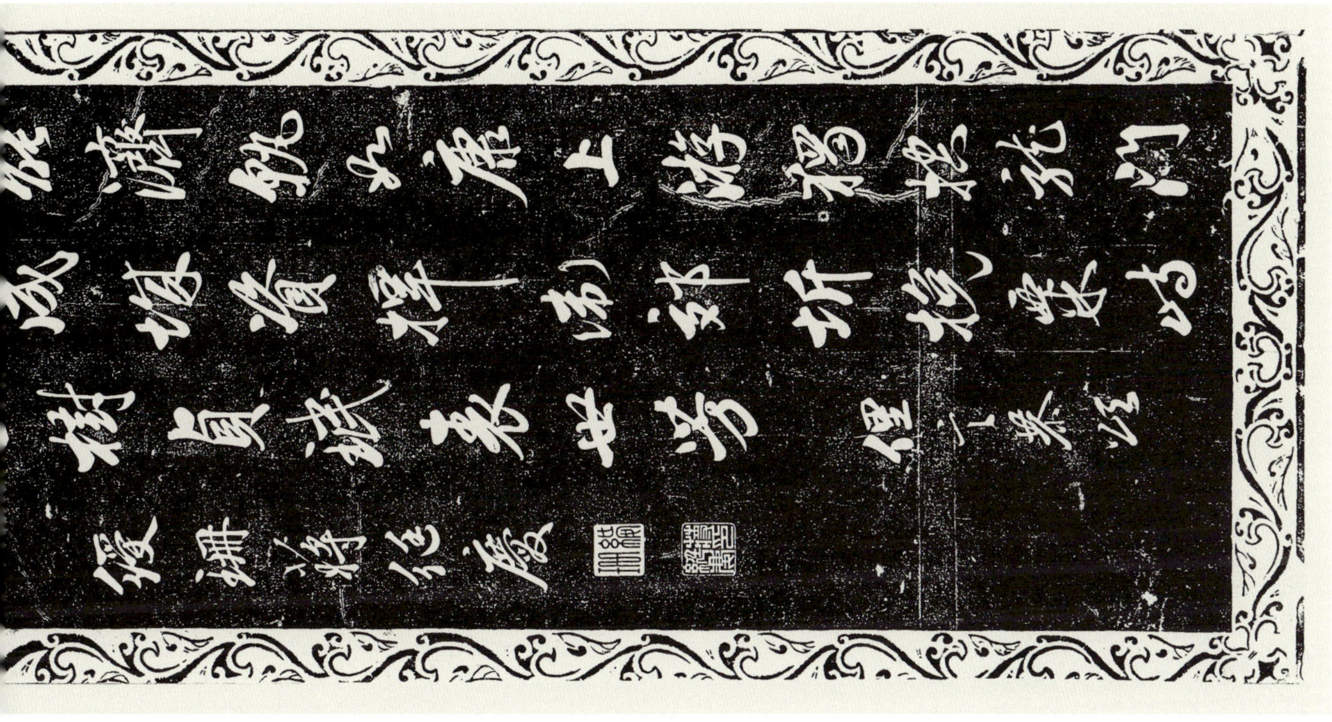

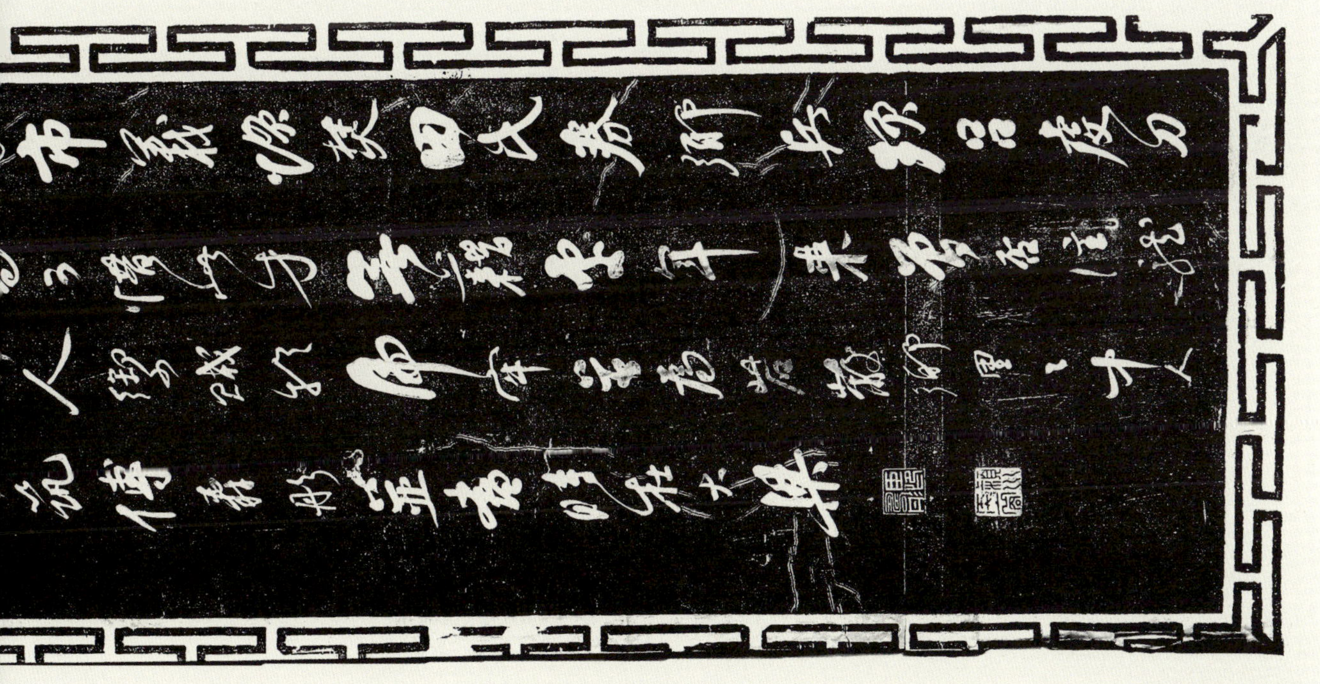

御祭文

李葆恒书　光绪元年六月

皇清修职佐郎例封奉政大夫钦若钟公暨元配崔太宜人合葬墓志铭

牛瑄撰　刘景宸书　光绪元年九月

憚之恥為所聞大有王彥方之風聞以不情干者明知其詐酌予之不與校負債而不償
者悉焚其券動以數千貫計邑有大興作必延請相度之邑侯甚重其人頻加禮焉嗚呼
公既督責其子為名孝廉為賢邑宰以大其家而顧不是重而獨禮法自飭以見乎於鄉
党僚友與當世之大人君子士顧不自重而徒以富貴震駭庸夫俗子之耳目耶　公以
太學議敘鹽知事生於嘉慶五年正月十五日亥時享壽七十有四元配崔太宜人賢明
孝慈甚有閫範生於嘉慶二年五月初八日亥時卒於道光二十八年六月二十九日亥
時生子四長世隆咸豐己未舉於鄉辛未大挑籤掣鄂省即補縣加同知銜例封　公奉
政大夫次世臣業儒繼　雲峯公嗣三世恩太學生四世喜皆誠篤有父風繼配王太宜
人現在堂生子二世純六品軍功世鈞業儒女三長適王公天性次適張公淦三即瑄前
室孫男二金鑑金甲孫女五　公之先世具　雲峯公誌茲不贅公子世隆於瑄為舅凡
援周益公撰王文毅公墓誌例屬誌於瑄竊惟益公之文猶不自名而託張真甫況庸下
如瑄者然亦第即目覩而心儀者述其概不敢有溢辭並繫以銘曰
肇之梅嶺篤生偉人於惟我公質粹德純惟公之德簡重寡默禔躬持家其儀不忒行義
於鄉鄉乃化之睗睒恣睢恥為所知銜擅青烏法精六體其學其品式尊鄉里山壘而奇
基培而大停之畜之方興未艾今歸佳城公自相度老成典型惟嵩惟洛
龍飛光緒元年九月十三日　男世隆泣血納石

皇清修職佐郎例封奉政大夫欽若鍾公暨元配崔太宜人合塟墓誌銘

賜 進 士 出 身 翰 林 院 編 修 加 三 級 愚子壻牛 瑄頓首拜撰

賜進士出身庚午科四川大主考 閣中書 加三級年愚姪劉景宸頓首拜書

外舅欽若先生歿於同治十二年十月十二日將以光緒元年九月十三日卜塟先期孤子世隆等匄瑄文納諸穿中 瑄時以失恃銜恤志意荒耗辭而請益堅謹即 公之行誼人所共見共聞者泫然輟涕而叙之曰 公諱天眷字乃西欽若其號也幼聰慧識解過人寓目必窮所以然事舉子業並習弓馬既失怙不克卒業而結緣詩書手不釋卷雖嚴冬溽暑不少輟尤留心小學說文等書點畫疑似必為剖析究其源流兼精堪輿家言形勢選擇獨得祕傳家業落魄者公相其陰陽略為斡旋輒大有起色遠近塋兆取決之無不應手響應感德者甚衆昆仲三人 公居次 清傑公子也出應胞叔 明遠公嗣異籍別財宜兩平分 公以厚薄不均三分之析居後三弟 天慶公遷寺溝母 氏隨之 公以定省不時問月輒迎養於家十數年以為常嗣壽終衾棺喪祭皆 公營辦 公母素患痚吼不時發作病篤 公湯藥親嘗衣不解帶者月餘尋居喪哀毀盡禮啜粥百日 公初度子姪拜祝力卻之以吾親劬勞之辰為子何忍歡慶終日飲粥猶切望雲感時展墓必躬親至老不倦嘻其孝也植品端嚴性儉朴飲食服御一屏浮華家居鉛槧外一無所事足不履城市其待朋純篤如比昆季和翕資財不分畛域御妻孥有法度一門丁口

皇清太学貤赠奉政大夫云峰钟公暨元配孙太宜人合葬墓志铭

李嘉乐撰　萧振汉书　光绪元年九月

少償多使人恩被望外不尤超出尋常萬萬哉姬惺齋先生設帳於公時過從意
氣投契嘗謂三日不見黄叔度則鄙吝之心易生吾於公亦云其至誠交接若此
昆仲怡怡同居數十年絶無芥蒂於胸中凡友弟恭萃於一門人咸方姜氏昆季
焉生於乾隆五十二年二月二十六日未時卒於道光十五年四月十三日巳時
卒之日遐邇聞知無不駭顧驚視歎爲數奇甚至泣數行下者非德之入人者深
曷克此元配孫太宜人内助賢明有梁孟風生於乾隆五十三年九月十五日寅
時卒於道光二十六年五月初三日辰時子二一先公亡一繼公卒皆未成室取
仲弟次子世臣嗣之累試未售於塾設童蒙帳耿介有大節女八人皆適名門男
孫三長金誥次金策三金詔皆業儒女孫一字劉門曾孫男一女一尚幼公之殁
也同懷弟欽若公卜兆橋嶺塋其尊人清傑公而以公祔元配孫太宜人時猶健
尋殁權厝於里右今將啓太宜人之窆合祔焉禮也其子世臣以誌石未備匄文
納諸穿中不敢以不文辭并爲之銘曰　太傅
之裔行於洛東孝友世澤耕讀家風翁豐於財而嗇於遇乃厚其施乃宏其度手
妙如春安仁敦土造物低昂吾行吾素合厝佳城九原瞑目千秋萬歲榮名芬馥
大清龍飛光緒元年九月十三日　男世臣　納石

皇清太學生貤贈奉政大夫雲峯鍾公暨元配孫太宜人合塟墓誌銘
賜進士出身翰林院編修加三級世愚姪李嘉樂頓首拜撰
賜進士出身前翰林院庶吉士工部主政加三級世愚姪蕭振漢頓首拜書
公諱天文字漢章號雲峯姓鍾氏始祖浩公洪武初自晉遷豫居鞏城五世祖如
心公以選貢官給諫有直聲邑乘載之生子三長太元次太亨三太貞徙汜陽郭
家集太元次子邦生守金遷遂平太亨次子漢生朝珩遷東站鼎望生明鳳朝珩
之四子公高祖也公曾祖萬全明鳳之三子萬全五子公祖昌元居三生子二長
清傑公父也次明遠遷寺溝又遷瑶灣清傑三子公居長性寬宏與人無忤雖終
日處油油與偕無惰容自奉儉約好善不疲遇修建梵宇築橋梵路等事每慷慨
樂施無稍恡幼業儒因家務繁援例入成均深以未竟舉業為憾治事暇兼習岐
黄家言博極羣書窺其奥旨尤精瘍醫著手春生遠近胗視無虛日兼施藥餌無
難色亦無德色証遇險惡無力調養就公家食否則酌給升斗務痂脫為率證候
大氣血易衰飲食尚虧效何由奏如此者不可枚舉親族婚塟難舉公知之必代
為籌辦時設生意數處待公舉火者十數家閭有不事家人生産因致困乏每規
勸之謀其生理向公割畝者力阻之不使售以有田尚難支無則何恃為生助若

老君庙施设茶亭创建碑记

李清和撰并书　光绪十二年十一月

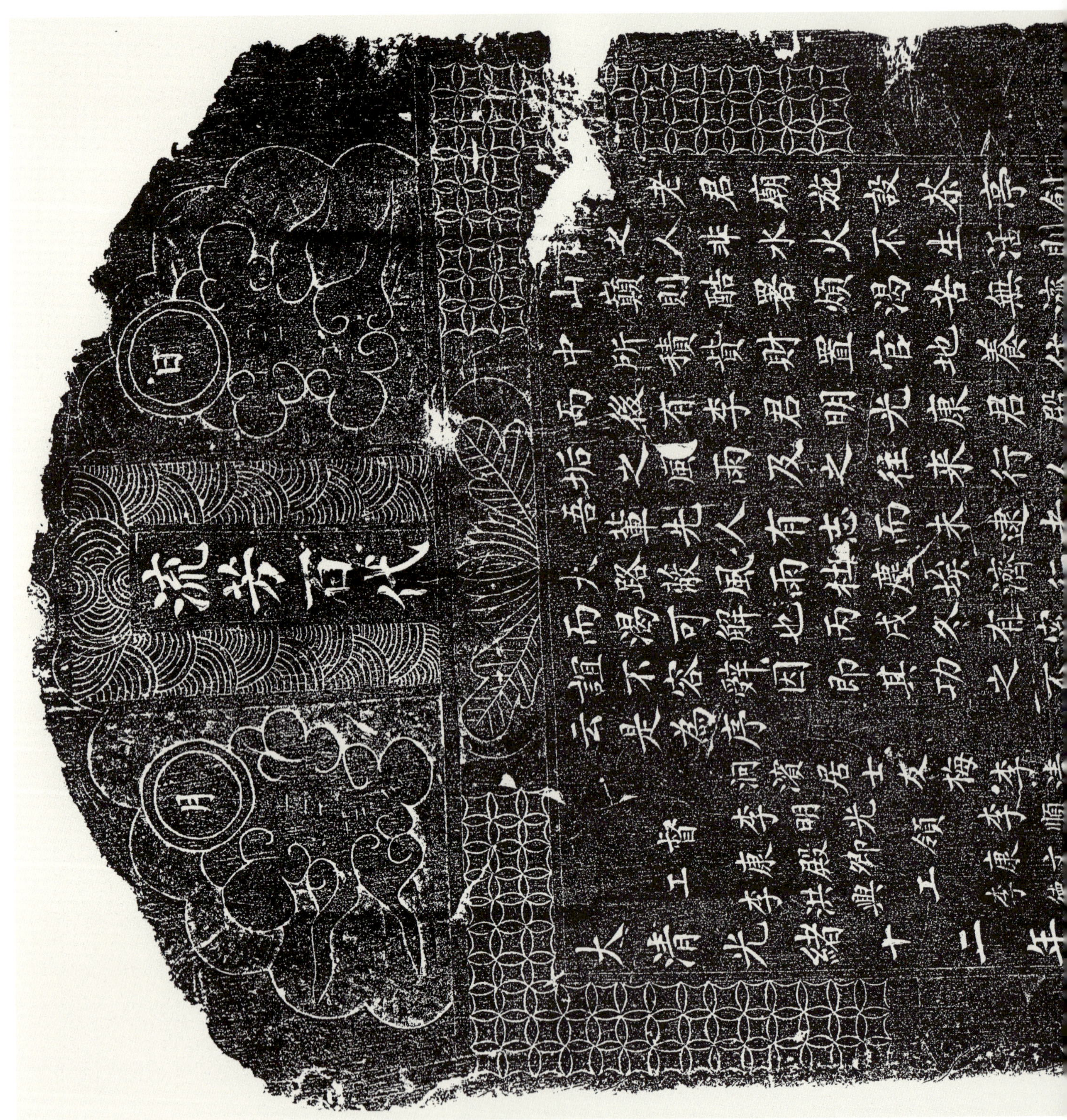

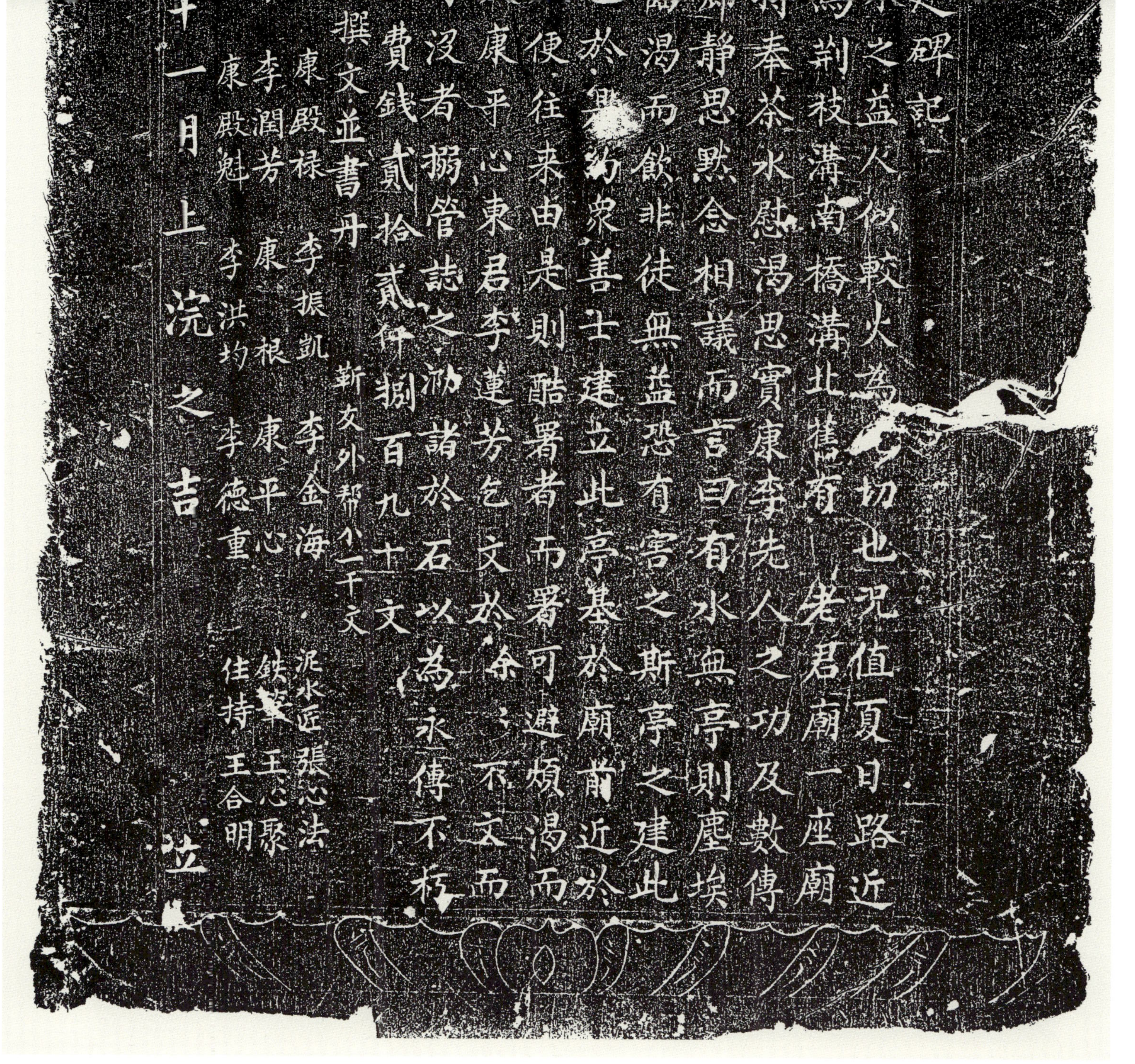

碑記

之益人似較火為[illegible]切也況值夏日路近

荊枝溝南橋溝北舊有老君廟一座廟

奉茶水慰渴思實康李先人之功及數傳

靜思默念相議而言曰有水無亭則塵埃

渴而飲非徒無益恐有害之斯亭之建此

於異物衆善士建立此亭基於廟前近於

便往來由是則酷暑者而暑可避煩渴而

康平心東君李蓮芳乞文於余〻不文而

沒者搦管誌之渤諸於石以為永傳不朽

費錢貳拾貳仟捌百九十文

撰文並書丹　靳友外帮小一千文　泥水匠張心法

康殿禄　李振凱　李金海　鐵匠王心聚

李潤芳　康根　康平心　住持王合明

康殿魁　李洪均　李德重

十一月上浣之吉　立

郑工合龙处碑

吴大澂撰并书　光绪十四年十二月

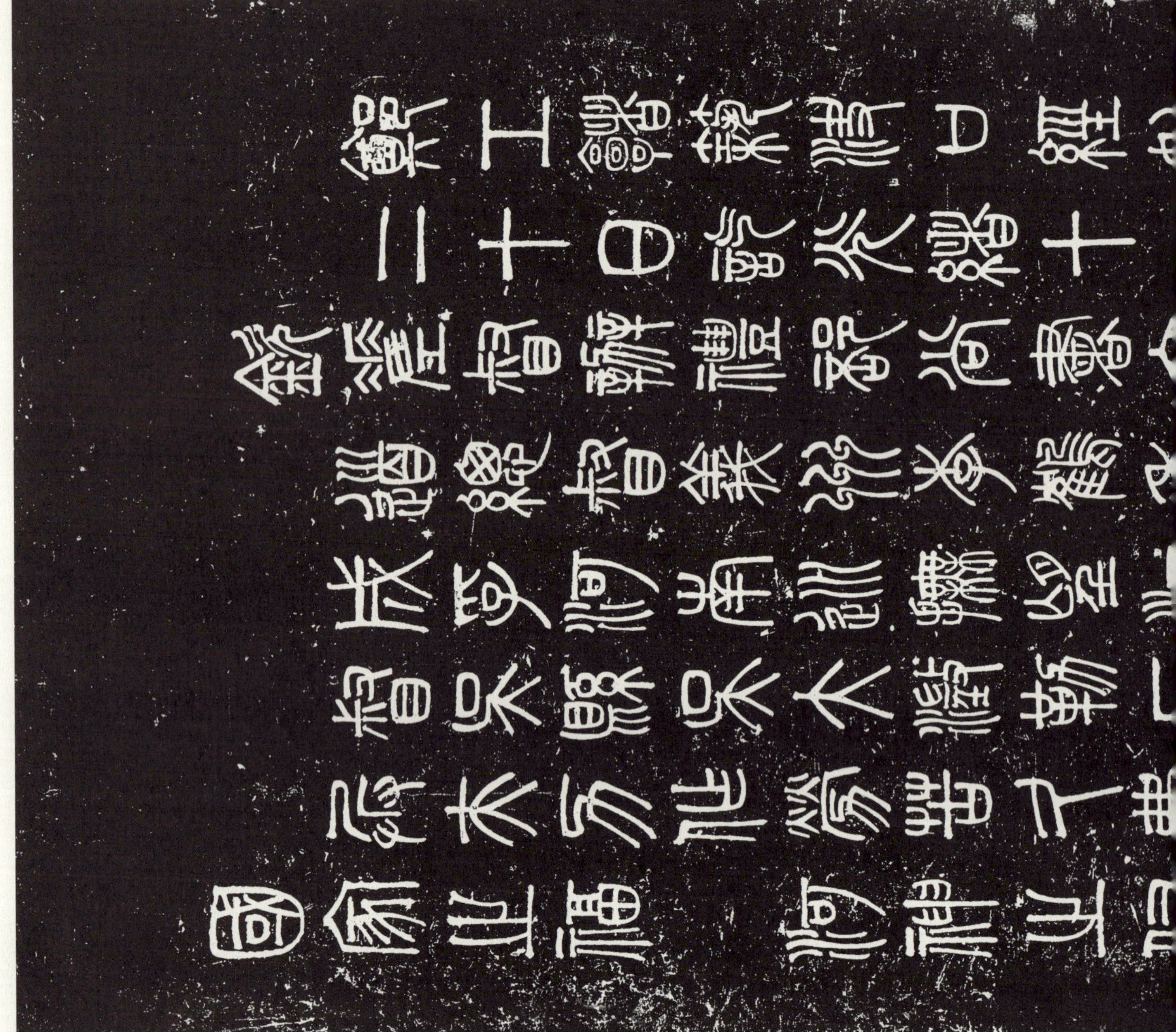

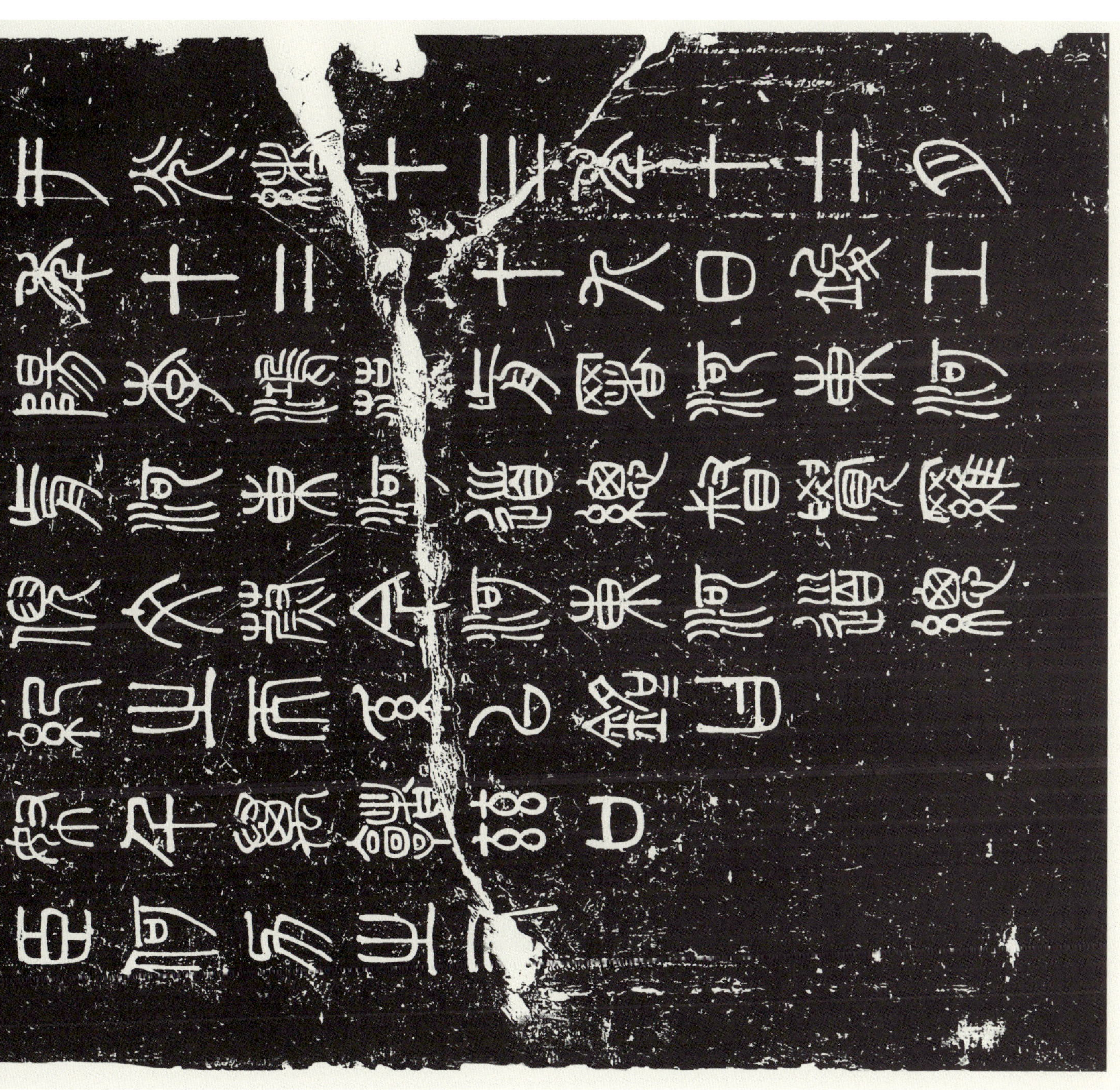

重修城隍庙戏楼记

汤似慈撰　靳鹤龄书　光绪二十四年十二月

皇清诰封奉政大夫孙公暨德配王宜人合葬墓志铭

姚鋆生撰　孙金镕书　光绪三十四年正月

得所人至今頌之而公未嘗偶有德色也公生於道光十七年九
月十三日寅時卒於光緒二十八年十一月二十九日辰時享壽
六十有六配王宜人性賢淑事姑能孝教諸子慈而有法生於道
光十四年二月初九日寅時卒於光緒三十三年十一月初一日
午時享壽七十有四子三長東洛次東岱皆監生次東華從九品
女一適張孫四長裕德裕心裕學裕曾孫二太安太炎將以光緒
三十四年正月二十日葬公東阡祖塋之次其孤東華為報捐五
品封典且以狀來乞銘余與東華交最久誼不容辭爰志之復銘
曰
名不求高於世　行不求異於人　以儉以勤　以樸以真　以
終其身　鬱鬱者柏　蒼蒼者松　奠此佳城　萬禩千齡　以
蔭其雲礽

皇清誥封奉政大夫孫公暨德配王宜人合塋墓志銘
陝州姚鋆生撰文
鞏縣孫金鎔書丹
世以奇節異能為重而庸行庸言類多湮沒無表彰者嗚呼是猶
寶珠玉錦繡而忘布帛菽粟也烏知布帛菽粟衣食天下其功視
珠玉錦繡為獨偉哉余於孫公之墓所以樂為之志也公諱丹桂
字景霄先世有諱泰者明初自山西洪洞遷鞏縣之魯村曾祖諱
登旺妣　氏祖諱殿謨妣李氏父諱雲岫妣白氏世耕讀多隱德
公幼聰慧有志操以早失怙廢讀持家政然暇時未嘗不博覽書
史家不中貲而事母極孝養未嘗一日不具甘旨與伯叔析爨不
計肥瘠性儉約自奉甚薄而親族急難未嘗不周恤處鄉里不斤
斤校是非善能以忍讓高人中年後漸致豐盈及諸子長家益日

图书在版编目（CIP）数据

郑州金石志．清代编 / 郑州市地方史志办公室编著
. -- 北京 : 中国水利水电出版社，2021.12
（郑州市地方史研究丛书）
ISBN 978-7-5226-0186-1

Ⅰ．①郑… Ⅱ．①郑… Ⅲ．①金石－汇编－郑州－清代 Ⅳ．①K877.22

中国版本图书馆CIP数据核字(2021)第215519号

选题策划 马爱梅 宋建娜 李慧君
责任编辑 罗 汐 杨春霞
书籍设计 李 菲 芦 博 龚 煜

丛 书 名 郑州市地方史研究丛书
书 名 郑州金石志·清代编
ZHENGZHOU JINSHI ZHI · QING DAI BIAN
作 者 郑州市地方史志办公室 编著
出版发行 中国水利水电出版社
(北京市海淀区玉渊潭南路1号D座 100038)
网址: www.waterpub.com.cn
E-mail: sales@mwr.gov.cn
电话: (010) 68545888（营销中心）
经 售 北京科水图书销售有限公司
电话: (010) 68545874、63202643
全国各地新华书店和相关出版物销售网点

排 版 北京金五环出版服务有限公司
印 刷 北京天工印刷有限公司
规 格 210mm×285mm 16开本 15印张 339千字
版 次 2021年12月第1版 2021年12月第1次印刷
定 价 189.00元